农业机械化赋能
工农协调发展

许欣 ▪ 著

郑州大学出版社

图书在版编目（CIP）数据

农业机械化赋能工农协调发展／许欣著． — 郑州：郑州大学出版社，
2022.12（2024.6 重印）
ISBN 978-7-5645-9251-6

Ⅰ．①农… Ⅱ．①许… Ⅲ．①农业机械化 – 发展 – 研究 – 中国
Ⅳ．①F324.2

中国版本图书馆 CIP 数据核字（2022）第 211941 号

农业机械化赋能工农协调发展
NONGYE JIXIEHUA FUNENG GONGNONG XIETIAO FAZHAN

策划编辑	王卫彊　脊丽光	封面设计	王　微
责任编辑	吴　静	版式设计	张伟妍
责任校对	马云飞	责任监制	李瑞卿

出版发行	郑州大学出版社	地　　址	郑州市大学路 40 号（450052）
出版人	孙保营	网　　址	http://www.zzup.cn
经　销	全国新华书店	发行电话	0371-66966070
印　刷	廊坊市印艺阁数字科技有限公司		
开　本	710 mm×1 010 mm　1 / 16		
印　张	12.25	字　　数	217 千字
版　次	2022 年 12 月第 1 版	印　　次	2024 年 6 月第 2 次印刷

| 书　号 | ISBN 978-7-5645-9251-6 | 定　　价 | 68.00 元 |

本书如有印装质量问题,请与本社联系调换。

前言

　　农业机械化作为农业现代化的核心内容,为农业生产提供重要的物质技术支撑,是农业现代化发展水平的主要体现。当前,中国特色社会主义进入新时代,全面建设社会主义现代化国家新征程已经开启。农业是国民经济的基础性产业,也是全面高质量发展的支撑和保障;现实中,农业农村发展的相对落后,仍是我国全面高质量发展的最大短板。党的十八大提出"四化同步"战略,党的十九大全面部署"乡村振兴"战略,党的十九届五中全会提出的"优先发展农业农村""强化以工补农、以城带乡,推动形成工农互促、城乡互补、协调发展、共同繁荣的新型工农城乡关系,加快农业农村现代化"等要求已经写入国家"十四五"规划纲要。

　　农业机械化作为现代工业技术与物质装备和农业生产的结合,反映了工农产业之间的互动,成为产业间连接的桥梁。未来,农业机械化的地位、作用、功能更是多方面的,不仅在农业之内,更在农业之外,关乎农业农村发展全局和国民经济整体。在农业生产中,农业机械化不仅发挥着提高生产效率、增强农业综合生产能力、保障国家粮食安全和重要农产品有效供给的作用,还对种植结构、作物育种和栽培等产生深刻的影响,在农业智能化、信息化、绿色化等领域掀起一轮新的技术革命;更重要的是,在工农产业之间产品和要素流动机制的作用下,农业机械化在工业和农业的互动关系中具有重要地位,在适宜的制度和政策环境下,能够发挥促进工农协调发展的积极作用。

本书的主要写作目的是在回顾我国工农关系的历史变迁基础上，基于我国农业机械化发展现状和水平，重新认识农业机械化的作用意义，阐明"农业的根本出路在于机械化"这一论断的正确性。我国目前以家庭为主的农业经营方式仍需依靠农业机械化，乡村振兴战略实施也离不开农业机械化。期望通过研究讨论，能够破除传统小农思想的束缚，把农业机械化发展视为农业现代化的必由之路和乡村振兴成功实施的战略思维。

我国工农关系的形成经历了一个长期的、历史性的过程。本书尝试从工农关系视角出发，以农业机械化为研究载体，以促进工农协调发展为落脚点，重新审视农业机械化在我国工农关系中的意义和作用，分析农业机械化赋能工农协调发展的机理，考察其具体效果，为突破相关制度、政策障碍，促进农业机械化高质量发展、实现工农协调发展提供依据和建议。

本书更多地关注农业机械化赋能工农协调发展的综合性、整体性问题，在局部、微观层面未能展开更为详细的分析和讨论，还有许多具体问题需要在未来的研究中继续探索。由于农业的特殊性、生产投入要素的不可分性，并限于数据的可获得性，有些研究结论亦有待于实践的进一步检验。

目录

1 农业机械化与工农协调发展概述

1.1 研究背景

农业机械化具有"连农带工"的属性,是现代工业技术与农业生产的结合,是衔接工农两大产业的桥梁,在工农业发展互动中发挥着关键作用。面对中国社会快速老龄化以及工业化、城镇化快速推进背景下农业劳动力大量转移、劳动力成本上升的压力,以机械化作业实现对劳动力的替代既是现实条件下的合理选择,也是降低生产成本、提高农业发展质量的必然选择。

没有农业机械化,就没有农业农村现代化。习近平总书记指出,要把发展农业科技放在更加突出的位置,大力推进农业机械化、智能化,给农业现代化插上科技的翅膀①。2012年以来,中央一号文件多次提出积极发展农业机械化的要求,乡村振兴战略的实施也意味着需要更好地发挥农业机械化支撑农业农村发展的作用。

经过70多年的发展,我国农业机械化从"起步"到"追赶",虽然取得一定成就,仍然存在严重的发展不均衡不充分问题。不同区域、不同产业、不同作物、不同环节间农业机械化发展不平衡的问题一直较为突出(张桃林,2017);目前仅限于大田作物(主要是粮食作物)的耕耙播收等生产环节,而果树和蔬菜生产的机械化水平很低;地域之间差异明显,在平原地区农业机械化发展较快,而在山区和丘陵地区农业机械化发展很慢;受地块大小影响很大,在大面积连片地块农业机械化应用较好,在零星分散地块农业机械化

---

① "在习近平新时代中国特色社会主义思想指引下"夯实粮食生产基础　加快推进农业现代化[DB/OL].央视网.2021-06-14.

应用很差,甚至有些研究将地块分散作为农业机械化发展的限制因素(Otsuka,2012;苏卫良等,2016)。此外,全程全面机械化尚处于探索初期,2013年以后我国农机工业发展速度开始放缓,80%以上高端农机产品仍依赖进口;我国农业机械化总体水平在世界上相对落后(孔祥智等,2015)。农业机械化作为农业发展过程中不可逾越的物质技术基础,是我国从农业大国向农业强国转变的主要途径(江泽林,2019)。

我国农业机械化的发展历程,是在与工业化、城镇化的密切互动中实现的(焦长权、董磊明,2018)。快速推进的工业化、城镇化作为农业机械化的内生动力,促进了农业机械化的快速发展;反过来,农业机械化也使得劳动力的置换成为可能,对工业化和城镇化推进具有积极的促进作用(高延雷等,2020;方师乐等,2018;张英丽,2017)。农业机械化的作用不仅体现在农业之内,更体现在农业之外、产业之间,关乎农业农村发展全局和国民经济整体。

党的十八大提出了"四化同步"战略,党的十九大全面部署了"乡村振兴"战略,党的十九届五中全会提出的"优先发展农业农村""强化以工补农、以城带乡,推动形成工农互促、城乡互补、协调发展、共同繁荣的新型工农城乡关系,加快农业农村现代化"要求已经写入国家"十四五"规划纲要。中国特色社会主义进入新时代,全面建设社会主义现代化国家新征程已经开启。农业是国民经济的基础性产业,解决好"三农"问题是党和国家各项工作的重中之重;但在现实中,农业农村发展仍相对落后,成为全面高质量发展的最大短板。在我国农业机械化即将迈进更为关键的高质量发展阶段之时,面对农业农村发展的新形势、新任务、新要求,如何使农业机械化水平迈上新台阶、更好地服务于农业农村现代化和乡村振兴战略,既是我国农业机械化发展面临的重要问题,也是构建新型工农城乡关系的客观要求。基于工农关系的发展实际和国家宏观政策制度影响,更深刻地理解我国农业机械化发展的重要意义,有助于更加充分、有效地发挥农业机械化的作用,促进农业机械化高质量发展,进而实现工农协调发展的目标。

1.2 研究目的与研究意义

1.2.1 研究目的

　　从世界农业发展历程看,多数农业发达国家都先后依托农业机械化的发展,实现了传统农业向现代农业的转变,一些国家是农业强国的同时亦是农业机械化强国。相较于已取得的重大成就,我国农业机械化发展的关键性和薄弱性环节更易被忽视。在农业范畴内,农业机械化提升生产能力和发展质量的功能已成为共识;而在农业之外、在国民经济体系的宏观视角下,农业机械化发展在产业、部门间关系演变和整体现代化进程中的重要意义和作用尚未得到充分研究和讨论。

　　20世纪80年代,我国全面实行家庭联产承包责任制,极大地调动了农民的生产积极性,促进了农业生产的全面增长,但也由此形成并固化了以小规模家庭经营为主体的农业生产经营基本格局,对农业机械化的发展形成一定制约。21世纪以来,我国取消了延续2 000多年的农业税,先后出台了粮食生产补贴、农机购置补贴等一系列农业支持政策,"工业反哺农业"成为新的发展方针和研究热点。经过改革开放以来农业制度改革和农业支持政策实施,我国的工农关系是否已随着经济总量提升、产业结构优化而"自然而然"地进入了"工业反哺农业"的阶段? 面对工农互促、协调发展的任务目标,农业机械化作为农业现代化的核心和衔接工农两大产业的桥梁,发挥着怎样的作用? 更具体地,我国农业机械化发展水平仍相对较低,是因为农业生产收益偏低、农机购置补贴力度不够导致需求不足,还是我国农业机械工业供给水平较低? 抑或是由于农业经营规模偏小、农村剩余劳动力实质性转移不畅造成使用效率不高? 这些问题将对工农协调发展造成怎样的影响? 不同地区又将采取怎样的措施加以应对和改进? 本书将从以上现实问题出发,探讨农业机械化对我国实现工农协调发展的作用、影响及存在的主要问题。

　　本书着眼于农业机械化在农业之外、产业之间的重要作用,试图回答如下问题:农业机械化能否促进工农协调发展? 具体效果如何? 如何更好地发挥这种促进作用？重新审视农业机械化在我国工农关系中的意义和作用，考察其赋能工农协调发展的效果，以期为突破相关制度、政策障碍，促进农业机械化高质量发展和工农协调发展提供依据和建议，是本书的研究目的。具体来说，作为研究的基础，本书尝试从工农关系的宏观视角出发，回顾我国农业机械化发展特点与工农关系演进历程，总结影响工农协调发展的制度因素，明确农业机械化赋能工农协调发展的基本机理；作为研究的核心，本书测度我国工农协调发展水平，结合农业机械化发展主要指标构建实证模型，考察农业机械化促进工农协调发展的具体效果及其区域差异性；作为研究的延伸，本书以当前我国农业发展水平和工农产品交换关系条件下农业机械化赋能协调发展的重要政策动力——农机补贴政策为例，分析其在不同地区的实现形式、响应程度和补贴效果。围绕以上研究目的，本书的具体研究目标如下：

（1）回顾我国农业机械化发展特点和工农关系演进历程，对相关制度的影响进行讨论，明确农业机械化发展的背景、环境和工农关系的现实条件，以此作为全文的逻辑起点。

（2）对我国工农协调发展水平进行测度和评价，明确制约工农协调发展的制度、政策等因素，为进一步分析农业机械化的赋能机理和效果进行铺垫。

（3）明确农业机械化赋能工农协调发展的基本机理，从装备水平、投入力度、经营形式、使用效率、政策支持力度等多个方面考察其具体效果和区域差异性，并进一步探讨我国工农关系目前的发展阶段、变化趋势以及相关制度和政策改革方向。

（4）对农业机械化赋能政策——农机购置补贴政策的具体效果和区域差异性进行延伸考察，为未来政策调整和优化提供更为具体、有针对性的参考和依据。

1.2.2 研究意义

本书以工农关系为视角，以农业机械化为研究载体，以促进工农协调发展为落脚点，考察农业机械化赋能工农协调发展的主要机理和具体效果，具有一定的理论意义和现实意义。

第一，探讨农业机械化与工农协调发展的内在机理和逻辑具有重要理论意义。根据马克思主义政治经济学基本理论，农业机械化属于生产力范畴,"工农关系"或"工农协调发展"属于生产关系范畴。农业机械化既是现代农业生产力发展水平的重要标志,也是工农融合的桥梁纽带,根据生产力与生产关系相互作用的原理,在工农产业之间产品和要素流动机制作用下,必然会以直接或间接的方式作用于工农关系的演变。在实施乡村振兴战略背景下,在我国农业仍以小规模家庭经营为主体的现实条件下,从农业机械化连接工农的纽带作用出发,以小见大地考察我国工农关系的现实情况和演进逻辑,对农业机械化赋能工农协调发展的机理进行探讨,有助于从理论上更加深入地认识和把握协调发展的客观要求。

第二,在工农协调视角下重新审视农业机械化功能与作用具有重要现实意义。我国工农关系的形成是一个历史性的长期过程,"工农协调发展"在概念上更多地体现为国家层面的战略部署与政策导向,但宏观层面的制度设计与政策安排亦需体现和落实于微观层面和各个具体领域。我国农业机械化发轫于工业,根植于农业,在工业化、城镇化和农业现代化的互动过程中不断发展变化并发挥作用;研究我国农业机械化问题,不仅要结合农业生产和发展实际,更要着眼于工农业发展水平、长期形成的工农关系格局、经济社会发展水平以及相关制度、政策的影响。我国作为农业大国,面对生产成本上升、农产品国际竞争力偏弱、农产品供给结构性矛盾等问题,传统的农业生产经营理念下资源消耗式、劳动力密集投入式的生产方式本身已难以为继(张丽娜,2017);在乡村振兴战略背景下,加快推进农业机械化、全面实现农业农村现代化,是构建新型工农城乡关系、实现协调发展的必由之路。对农业机械化赋能工农协调发展的具体效果进行分析,对相关支持政策的实施效果进行考察,一方面是为了充分把握我国农业机械化发展的客观规律,准确识别发展中遇到的关键问题,为农业机械化高质量发展创造有利条件;另一方面,更是为进一步优化制度和政策环境,充分发挥农业机械化对产业、部门间关系调整的积极作用提供参考和依据。

1.3　研究思路与研究内容

1.3.1　研究思路

　　本书紧密围绕我国乡村振兴战略,从工农关系融合发展的视角出发,通过理论和实证相结合的方法对我国农业机械化赋能工农协调发展的效果进行研究,并结合我国工农关系发展历程以及相关制度、政策的影响,对农业机械化发展的现实条件和主要问题进行分析,为促进农业机械化和农业农村高质量发展,实现工农协调发展提供理论依据和政策建议。

　　工农关系包括农业支持工业、工业反哺农业两个方面,实现工农协调发展的实质在于工农关系的重塑,关键在于促进工农产业间产品的公平交换以及要素的合理配置、充分流动。"农业机械化赋能工农协调发展"作为本书核心研究问题其基本逻辑是:农业机械化作为"工业反哺农业"的直接形式,通过增强农业生产能力、创新农业经营形式、提升农业经济效益等途径强化"农业支持工业"的整体能力,从而将工业的"输血"切实转换为农业的"造血",促进工农产业间要素、产品的良性循环和协调发展目标的实现。

　　本书的研究框架见图 1-1。在理论研究部分,总结我国农业机械化的发展特点,梳理驱动因素;回顾我国工农关系的演进历程,概括阶段性特点,从"农业支持工业""工业反哺农业"的形式入手,明确农业机械化赋能工农协调发展的主要机理;从工农协调发展的制约因素出发,基于农机购置补贴政策在现有农业发展水平和工农产品交换关系条件下从经济层面提升农机的可得性,从而在物质层面增强"农业支持工业"能力的作用,将补贴政策视为赋能农业机械化与工农协调发展的重要动力。实证研究部分,对我国农业机械与劳动力的替代弹性和边际替代关系进行简要分析;在运用熵权法分别测度我国农业机械化发展水平、工农协调发展水平、运用指数分解法分析农业机械对粮食劳动生产率变化影响的基础上,构建 Tobit 模型实证考察农机总动力、农机投入成本、跨区作业、农机补贴、耕种收综合机械化率和农机社会化服务等农业机械化具体发展指标促进工农协调发展的效果,并对我国工农关系目前所处的发展阶段、工农协调发展的制约因素以及相关制度和政策改革方向进行延伸讨论;在此基础上,运用格兰杰因果关系检验,进一步考察农机购置补贴政策在不同地区的实现形式、相应程度和具体效果。

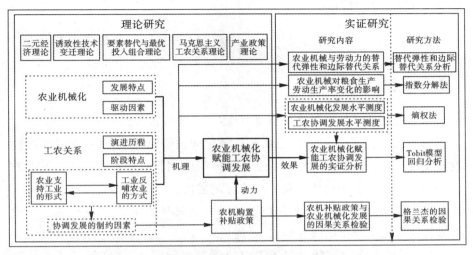

图 1-1　农业机械化赋能工农协调发展研究框架

1.3.2　研究内容

基于上述研究目的和研究思路,本书分别开展如下几方面研究:

首先,基于二元经济理论,对我国工农关系的阶段特征、农业支持工业和工业反哺农业的形式和特点进行分析,厘清工农协调发展面临的制度和政策障碍,作为研究的背景和基础。

其次,基于要素流动理论、产业政策理论等,对我国工农关系演进背景下农业机械化的发展水平和驱动因素进行分析,为进一步研判农业机械化对工农协调的促进作用做铺垫。

再次,对我国工农协调发展水平进行测度、评价和讨论,明确农业机械化赋能工农协调发展的机理和形式,构建 Tobit 模型对其效果进行全国和分区实证分析,考察农业机械化的具体赋能效果。

最后,通过协整分析和格兰杰因果关系检验,分析农业机械化赋能政策——农机购置补贴的实现形式、响应程度和具体效果的区域差异性,基于以上结果得出研究结论和政策建议。

1.4　创新及不足

1.4.1　创新之处

本书的创新之处主要体现在研究视野、研究理念和研究观点方面。

第一,研究视野较新。以往农业机械化问题研究文献,多从农民生产性投资、农机作业外包等技术角度或从具体问题出发,研究视野多聚焦于农村、农业、农民。本书则从工农关系的宏观视角,在工农关系变迁的背景下,讨论农业机械化的发展特点、存在问题以及影响因素,以期加深读者对农业机械化重要意义和作用的理解。

第二,研究理念较新。关于工农协调发展问题,许多文献已从土地制度、粮食安全、农地流转、脱贫攻坚等角度进行了深入研究,并贡献了大量有意义的结果;然而,在该领域内,关于农业机械化的关键词几乎没有出现(唐华仓、马恒运,2021),说明对于农业机械化的意义和作用有待重新认识。农业现代化的核心是农业机械化,农业机械化作为工业和农业两大部门有机衔接的桥梁,本身即具有"连农带工"的属性。在工农协调发展成为新的发展导向和要求的当下,需重新审视和认识毛泽东同志"农业的根本出路在于机械化"著名论断的理论意义和现实意义。

第三,研究观点较新。本书对我国农业机械化发展的影响因素和存在问题进行研究梳理,发现我国农业机械化发展的关键仍然是工农或城乡关系问题;实证研究发现我国的工农关系实质上仍然停留在农业支持工业、农村支持城市阶段。在此情况下,农业部门自身扩大农机投资受到很大限制,扩大再生产的能力非常有限,因此,包括农机购置补贴在内的各项农业补贴政策作为"工业反哺农业"在政策层面的具体形式,具有重要的意义和作用。我国农业土地经营规模小、地块细碎,这些既是限制农业机械化的直接原因,又反映了工农协调发展深层次的制度、政策障碍;在改进和优化相关制度、政策的同时,也应积极引导、推动农机工业转型升级、技术创新突破,从技术层面为农业机械化和农业现代化提供高质量供给。

本书以工农关系为研究视角,以农业机械化为研究载体,以赋能工农协调发展为落脚点,将理论分析与实证研究有机结合,为促进农业机械化高质量发展、更好地发挥其赋能工农协调发展的重要作用提供参考和依据。

1.4.2 不足之处

工农协调和农业机械化均为内容复杂、内涵丰富的概念,本书更多地关注发展的综合性、整体性问题,比如通过分析农业机械对劳动力的替代水平和边际替代关系、检验农业机械化相关指标对工农协调发展的促进作用以及农机购置补贴政策的效果,讨论农业机械化赋能工农协调发展的机理、效果、动力及相关制约因素。本书选取工农协调发展的宏观视角,在局部、微观层面未能展开更为详细的分析和讨论,在研究深度上可能有所欠缺,还有许多具体问题需要在未来的研究中继续探索。

由于农业的特殊性、生产投入要素的不可分性并限于数据的可获得性,本书构建的工农协调发展指标体系可能并未完全涵盖我国工农协调发展的各个方面,特别是我国农业机械制造业方面的数据,尽管这部分属于工业的范畴,但是毕竟是反映工农关系和农业现代化的重要方面。实证研究的时间段较短(自 2004 年以来),有些研究结论还有待于实践的进一步检验。

2

农业机械化与工农协调发展文献综述

本章对研究主题相关国内外文献进行梳理总结,联系本书的研究重点对工农关系以及农业机械化发展特征和影响因素进行总结,并对研究需要发展完善之处进行述评。

2.1 工农协调发展相关研究

2.1.1 工农关系研究

长期以来工农关系在我国社会生产力发展和分工中逐渐形成,对我国经济社会发展全局起着关键性作用。新中国成立以来,随着我国的工农关系不断调整和演进,不同阶段体现出的特点,从以农业为主导,通过"以农补工"的方式支持工业发展,到促进"工业反哺农业"政策方针、形成"工农互促、城乡互补"的发展目标,都是工农关系调整背景下对协调发展的有益探索。

一些国家的成功经验或失败教训显示,处理好工农关系是现代化建设的关键,也是实现经济社会稳定发展不可忽视的问题。作为"三农"问题的重要切入点,工业和农业的协调发展对我国全面实现农业农村现代化发展具有重要的理论和现实意义。本章内容将主要通过对我国工农关系的演进进行阶段性分析和研究,结合我国农业机械化不同时期发展的情况和特点,初步考察"工业反哺农业"的能力和综合效果,为进一步研究工农协调发展问题做铺垫。

我国工农关系的理论研究基于工业和经济的发展水平,在不同时期政策重点不尽相同。从改革开放初期到20世纪末期,我国尚处于工业化初期,主要是以农业支持工业;21世纪以来,随着工业化和城镇化进程快速推进,"工业反哺农业"的说法被更多提起。

改革开放初期到20世纪末期,在本书中定义为工业化初期。该时期关注点主要集中在农业支持工业发展的作用贡献上:例如,我国形成的农业部门—城市工业部门—农村工业部门的"三元结构"阶段(李克强,1991);"三元结构"下农业剩余劳动力的转移机制(陈吉元、胡必亮,1994);20世纪90年代我国农业剩余劳动力与工业化发展的关系(冯海发,1993);改革20年农业的基础作用不断增强(黄季焜、马恒运,1998);工农业产品价格剪刀差的形成和趋势(严瑞珍等,1990);农业为工业化发展提供资金积累(冯海发、李微,1993);二元经济结构在产业和空间发展上的转化趋向和主要特征(高帆,2005)。

2000年以来,尤其是在2004年后随着国家各种农业政策的出台,学术界出现了许多关于"工业反哺农业"方面的研究。许多人认为我国工业已经具备了反哺农业的条件和能力,也有学者认为我国的工业化发展水平已经达到中期阶段,从反哺的实现机制、路径、反哺模式等方面展开研究(钱方明,2009;郭家虎,2007;朱四海、熊本国,2005;吴群,2006;杨国才,2010);也有学者基于对国际经验的总结,对此展开了质疑,认为我国距实现工业大规模"反哺"农业还存在一定差距(马晓河等,2005)。

2010年以来我国进入工业化后期阶段,改革成为工农关系调整的主旋律。本阶段的重要认识是协调发展才是工农关系的长远目标,农业农村现代化建设亟待关注。国家相继实施了农业供给侧、农村土地制度、农产品价格形成机制等改革,为农业农村持续稳定发展带来了深刻的影响。要素配置是工农关系调整的关键(罗明忠、刘子玉,2021),通过改革破解阻碍要素合理配置的二元结构,加速推进农业要素市场改革是当务之急(刘影、池泽新,2013;邹一南,2020;罗浩轩,2021)。

几十年来我国工业化发展水平虽有目共睹,但是否如许多人所说,我国已进入工业化中期阶段,工业已开始有效地对农业实现各种形式的反哺?学术界对"工业反哺农业"政策方针的理论依据、理论阐释与实证检验方面的研究还较为缺乏;此外,我国的农业经济理论研究与农业经济实践相比存在一定的滞后。据此,在现有研究基础上,本书尝试通过对我国工农发展差距形成的主要原因、阶段特征等进行梳理,作为分析农业机械化赋能工农协调发展的基础。

2.1.2　工农协调研究

实现工农协调发展目标,既关系到国民经济和社会稳定的大局,亦对现代化建设具有重要战略意义。随着改革进程的不断推进,我国工农关系从"农业支持工业""工业反哺农业"到"工农互促、协调发展",实现工农协调、推动形成新型工农城乡关系是经济社会发展的重点,亦是学术界关注的热点。

现有针对工农协调发展的研究相对较少,且以理论分析居多。现有与"工农协调"高度相关的研究主要包括由工业反哺农业向工农业协调发展战略转变的理论分析(曹俊杰,2016)、对工农发展规模结构、发展速度和利益分配方面的考察(马良华,2002),以及对工农业协调发展的体制演进分析(高军峰,2013)等。

但若将视域扩大为"工农城乡融合发展",部分研究对于本书的研究具有一定价值和启发,如基于要素流动(罗明忠、刘子玉,2021)、制度安排和政策导向(杨国才,2010;邹一南,2020;罗浩轩,2021)等视角的工农—城乡关系研究,对内在逻辑及发展差距成因已有不同程度的理论探讨,多数研究认为我国工农发展差距较大,工业反哺农业的力度不足、农业较工业相对低效的失衡问题制约了社会整体协调发展(江省身,2017;杨爱君,2012)。实证研究方面,通过构建工农城乡指标体系测算了我国工农城乡耦合协调水平、运用 VAR 模型和格兰杰因果检验分析了我国工农业发展的关联性(李敏纳,2007),以河南省为研究对象实证讨论了工农协调和互动发展(喻新安、陈明星,2007)。

基于"四化同步"或"工业反哺农业"的视角,部分研究也从实证角度考察了我国工农业发展的关系和互动情况,可为本书的研究提供有益参考。如基于半参数空间面板 VAR 模型对城镇化、工业化和农业现代化的协调水平分析(叶阿忠、陈婷,2017);运用 PVAR 模型讨论了农业现代化、工业化和城镇化的长期均衡关系,发现地区间不协调问题突出(王飞鹏、白卫国,2018);发现农业现代化、工业化和城镇化三者之间具有长期均衡关系和相互促进作用(夏春萍、刘文清,2012);建立空间杜宾模型,发现工业和农业之间存在"互哺"关系,农业需求是农业和工业增长的主要驱动力(刘明辉、卢飞,2017);实证检验了新疆地区工业对农业的反哺效果,工业和农业体现出较强的正相关性(孙良斌,2014);认为工业化进程中结构效应间接影响农业发展,应对农业予以政策扶持(王永培等,2011);通过农业机械和劳动力的替代关系分析发现我国农业支持工业已经达到最高形式,可能仍处在农业支持工业后期阶段(马恒运等,2018)。

通过以上文献可以发现,目前对于工农协调发展的研究多聚焦于互动、影响机理等理论分析层面,实证研究主要以工农协调水平测算、"四化同步"框架下农业现代化与其他"三化"的关系分析为主。工农协调作为一个宏观、整体的概念,受制度、政策、经济、技术等多方面因素的影响,对这些因素的影响机制和影响程度进行实证分析,有助于进一步理解工农关系演进变化的内在机理,为促进工农协调发展提供参考和依据。那么,什么是工农协调发展的核心表征和关键影响因素?事实上现有文献在理论上涉猎较少,进行实证研究的更少。本书基于工农发展的实际,提出农业机械化是决定工农协调发展的关键因素和核心表征的研究假设。

2.2 农业机械化相关研究

2.2.1 农业机械化概念和特征

第一,在具体对农业机械化概念进行界定时,较多学者参照教材《农业机械工程》中的概念定义,将农业机械化定义为用机器逐步代替人畜力进行农业生产的技术改造和经济发展的过程(余友泰,1987);也有研究参考《中华人民共和国农业机械化促进法》中对农业机械化的界定,即运用先进适用的农业机械装备农业,改善农业生产经营条件,不断提高农业的生产技术水平和经济效益、生态效益。有学者指出,传统对于农业机械化的定义应有狭义和广义之分。从生产环节来看,狭义的农业机械化更强调生产环节的机械化,广义的农业机械化还应扩展至产前和产后,如供、储、运、销以及种子和农产品加工的机械化(赵琨,2014),或者农业机械的研发、设计、制造、维修、推广等(方师乐,2017)。

由于描述的范围和内容不同,目前对农业机械化概念没有形成公认的界定,但仍能够体现出一些共识性看法。一方面,农业机械化是基于生产工具的变革(江泽林,2015),是以机械装备的利用形成对劳动力的有效置换,从而达到减轻农业劳动强度、提高农业生产能力的功能;另一方面,从农业机械化的实现目的和结果来看,是通过高水平机械装备的广泛应用,提高劳动生产率从而最终提高经济效益的过程。因此,在借鉴相关理论文献的基础上,结合本书的研究主题,这里采用更接近于"农业机械化"狭义概念的界定,在此主要指"生产过程中以不同类型的农业机械的广泛使用来提高生产效率、减轻劳动强度,提高单位面积产量和实现经济效益的农业生产经营过程"。

第二,农业机械化以农业机械及配套装备的开发利用为核心,其内涵随着农业机械化内容的丰富而不断扩展。整体而言,农业机械化是以工业技术实现机械对农业劳动的有效替代,通过科学技术和工程技术的结合改变耕作方式以及对农业进行改造的过程,是在工农产业互动发展过程中产生,并通过产业间相关要素的作用机制得以体现。从生产技术来看,农业机械的制造与工业尤其是农机工业的发展水平直接相关,其制造水平、工艺水平等对农业机械装备产品的质量和性能产生影响,涉及农、林、牧、副、渔等不同机械类型和不同环节的使用;而从产业关系来看,来自劳动、土地等农业部门的生产要素则间接对农业机械化的运行产生影响。这说明,农业机械化的推进并不是仅意味着农机生产制造端的改造升级,从运行的角度亦可以进行调节和干预。

农业机械化本身是一个复杂系统(江泽林,2015),系统要素间存在互动和作用关系。随着农业机械化内涵的扩展,对相关问题的研究会因资源条件、产业水平、政策干预等多方面影响复杂化,只有将其纳入一个统一的框架背景下,才能更有针对性地分析将要研究的问题重点。

第三,农业机械化的技术性、经济性和社会性特征,本身也是工农协调发展的前提和内在要求。农业机械作为重要的生产工具,是生产手段的变革,具有技术性特征。传统农业不能成为经济增长的源泉,只有从外部引入先进的生产要素和技术,才能打破长期以来传统农业的均衡状态,从而实现农业自身发展阶段的提升(Schultz,1964)。农业机械化以技术为基础,是科技创新、技术进步和成果转化实现的物质载体,可改善农业生产条件、减轻作业劳动强度、降低农业生产成本、提高劳动生产效率,其发展本身体现出技术性的特点。

同时,农业机械化是以提高经济效益为前提开展的,具有经济性特征。农业机械化的目的在于通过机械化生产,提高劳动生产效率,从而降低生产成本、获得更多的经济收益。因此,农业机械化在实现技术效率的同时,追求经济效益同样是发展农业机械化的目的,农业机械化过程应是技术效率和经济效益的辩证统一。

农业机械化与城镇化的互动关系,以及社会化服务的应运而生,体现出农业机械化的社会性特征(江泽林,2019)。劳动力流动作为农业机械化产生和发展的重要前提,同时创造需求;随着劳动力转移和城镇化的不断推进,农业机械化发展为城镇化以及整体经济的可持续发展创造条件。农业机械化的产生与发展与劳动力要素流动密切相关(徐建国、张勋,2016),是我国城乡、工农均衡发展的内在要求(方师乐,2017)。

2.2.2　农业机械化发展条件和环境

如上文所述,农业机械化具有技术性、经济性、社会性等多重属性。其中,技术性是农业机械化的基础,农业机械化发展同时也受到经济条件与社会环境变化的影响。工业化、城镇化快速推进背景下劳动力成本上升、经营形式创新以及相关政策支持对农业机械化的发展产生了积极的促进作用;而农业经营规模限制、农业机械行业发展水平限制等则可能对农业机械化的发展形成制约。需要说明的是,对于其中某些因素(如相关制度、政策)的作用,学术界目前的看法可能存在争议。

第一,有些研究认为我国农业机械化的快速发展与劳动力流动和劳动力成本变化密切相关。劳动力成本的变化与劳动力替代强度对农业机械化进程产生影响(宋海风、刘应宗,2019),在我国城镇化进程快速推进和劳动力非农转移的背景下,农业机械化成为保障农业生产和粮食安全的现实选择,尤其是在劳动力成本不断上升时,适当发展劳动节约型的机械技术更为重要(吴丽丽等,2020;周晓时等,2015),更多的劳动力能够从农业生产中释放出来从事非农产业(潘经韬,2019;伍骏骞等,2017;冯启高、毛罕平,2010;邓鑫等,2017;高延雷等,2020),劳动力流动和成本上升的现实条件是农业机械化发展的内在动力(周振等,2016)。

第二,从经营方式的角度,农机服务市场、社会化服务体系的形成和健全对我国农业机械化发展具有不可忽视的促进作用。不少学者认为专业的农机社会化服务使得"农户个体"对接"大规模作业"成为可能(金铃等,2020),越来越多的经营主体选择通过购买机械化服务来进行粮食生产,使全国各地区农机装备水平得到了大幅提升(杨进,2015)。农机作业服务最早在 20 世纪 90 年代初我国小麦生产的收获环节得以应用和推广。根据不同地区小麦成熟期的时间差,由南向北开展大规模跨区机收作业,不但满足了短时间内作物集中收获的需求,也延长了大型农机的作业时间,提高了机械的使用效率,降低了机收成本。如今,跨区作业已从小麦机收,逐渐推广到水稻、玉米等不同粮食作物。农机共享利用的理念逐渐扩展到除收获以外的其他生产环节,如耕整地、秸秆还田、烘干和产品初加工,等等,形成了独具中国特色的农机作业社会化服务体系。

第三,政府政策的实施对我国农业机械化发展具有重要影响。作为指导我国"三农"工作的纲领性文件,中央一号文件连续十年提到重点发展农业机械化:2006 年提出"大力推进农业机械化,提高重要农时、重点作物、关键生产环节和粮食主产区的机械化作业水平";2008 年提出"加快推进粮食作物生产全程机械化,稳步发展经济作物和养殖业机械化";2012 年提出"加快农业机械化,充分发挥农业机械集成技术、节本增效、推动规模经营的重要作用";2016 年提出"加快高端农机装备发展的同时,还要发展农机关键核心零部件和提升主要农作物生产全程机械化水平";2018 年提出推进"机器换人""推动主要作物生产全程机械化";2019 年提出支持"重型农机"以及薄弱环节适用的农机研发等;2021 年更是将农业机械化的意义提升到"强化现代农业科技和物质装备支撑"的高度。国家政策对农业机械化发展起到了宏观、全局的引导作用。此外,自 2004 年开始全面实施的农业支持政策也对促进农业机械化发展取得明显的成效(陈锡文,2018),农机购置补贴政策在农业"四补贴"中最受关注。学界一致认为,农机补贴政策有效缓解了农民购买农机的压力、刺激了农机需求,促进了农机作业规模和农业机械化发展水平的提升(彭超等,2019;陈杨、张宗毅,2019;路玉彬等,2018;李农、万祎,2010)。

农机工业是农业机械化发展的"原动力"。理论上,工业化的发展能够提高农业机械装备的供给水平,进一步促进农业生产率的提高和劳动力转移,使我国农业机械化水平得到了快速提升(徐建国、张勋,2016)。然而,近年来我国农机工业发展速度放缓,制约农业机械化发展的问题日益突出。首先,农机产品供给的结构性矛盾突出,低端产品过剩、高端产品供给不足(陈志等,2018;胡世华,2012);产品同质化严重,低水平重复制造造成了农机产品产能过剩,同时有效供给不足(章淑颖等,2018;周应恒等,2017)。支撑现代农业发展的高端农机装备因国内企业缺乏自主生产能力或质量不过关，只能依赖进口（杜浦、卜伟，2014）；由于作物品种和作业方式的复杂和多样，我国农业装备需求呈多样化，但许多农机产品比如大马力机械、大型收割机等高端产品存在供给缺口，70%以上的先进农产品加工成套设备依赖于进口（王志等，2012）。其次，我国缺乏竞争力强、市场份额高的大型农机企业。行业内竞争激烈，份额分散零碎。全国现有的农机企业近万家，缺乏像约翰迪尔、纽荷兰之类市场占有率高、国际竞争力强的大型企业。许多企业存在生产规模小、创新能力弱等问题。2004年以来，由于补贴政策的实施，农机企业数量短时期内迅速上升，出现大量短期逐利经营行为，也给农机市场造成了过度竞争。我国农机制造企业面临经营压力大、利润率低、成本上升，导致盈利能力不断降低，陷入恶性循环。最后，我国农机制造企业自主研发和技术创新能力较弱，农机工业长期缺乏自主的创新技术能力，导致行业"大而不强"（孙凝晖等，2020）。一方面，在条块分割、各自为政的体制下，难以有效整合知识和信息资源，建立有效的研发和共享机制（王卫龙、笪祖林，2013）；另一方面，大部分企业还停留在引进和仿制国外技术产品的层次方面，研发投入亦明显不足，远低于国际知名企业的投入水平。此外，我国农业机械制造企业还存在产品研发周期长、配套性差，质量不稳定、售后服务跟不上等问题。在这些因素的综合作用下，我国许多农机企业自主创新能力较弱，只能进行低水平生产，发展后劲不足。

现行的相关制度对农业机械化发展亦具有重要影响，其中，与农业经营规模直接相关的土地制度和家庭联产承包责任制争议较大。大部分学者认为土地经营规模是农业机械化发展的重要制约因素，仅有少数观点认为农业机械化也可以在小规模经营条件下发展。就土地制度而言，有学者指出机械对于土地利用具有天然的"规模性"要求，农业机械化的发展需建立在土地经营规模扩大的基础上（崔宝敏、邓宏图，2007），耕地规模化是发展农业机械化的重要条件（白丽等，2006），提升农地规模经营是农业机械化发展的现实出路（樊哲银，2009），影响我国农业机械化发展的根本原因是土地制度（李永安，2014），机械化发展依赖于土地规模经营（薛晓蕾等，2014）。多数学者认为现行农村土地制度存在产权主体缺位，导致流转行政化、经营细碎化等问题（郁俊莉、孔维，2015），不利于大规模开展农业机械作业，在土地制度改革方面应发挥调整产权整合优势，实现土地细碎化治理（冯华超等，2018）。仅有少数研究指出农业机械化与现行土地制度并不矛盾，认为农业机械化也可以在分散的、小规模的家庭经营的基础上展开（曹阳、胡继亮，

2010）。另一方面,对于家庭联产承包责任制与农业机械化的相容性亦存在争议,有学者指出家庭联产承包责任制与农业机械大规模生产之间存在矛盾制约了农业机械化的发展,家庭联产承包责任制的建立客观上形成了一家一户分散的经营模式,"细碎化"的小规模土地不利于田间机械作业,尤其是限制了农户对机械技术的采纳（蔡键等,2016）,对大型农业机械的投资与使用（谭朝阳,2018;苑素梅、罗峰,2009;梁小青,2012）。总而言之,学术界普遍认为我国当前土地制度和农业基本经营制度下形成的小规模经营、土地细碎化格局对农业机械化发展形成了严重制约,仅有少数研究表明家庭承包责任制造成的土地细碎化并未对农业机械化产生严重的阻碍（侯方安,2008;侯方安,2009）。也有学者将"规模化"的视角从土地转向服务层面,认为若达成机械技术利用的规模性要求（如社会化服务）,土地经营规模就不再是农业机械化发展的限制条件（胡新艳等,2016）;内生型机械服务市场的形成为小农小规模机械化发展创造了条件（仇叶,2017）,农机利用方式目前已实现多元化发展（王舒娟等,2021）。惯性思维下单纯追求土地经营规模的路径依赖极易对农业发展的制度和政策设计产生误导（许锦英,2010）。因此,有必要破除传统经营规模观念的束缚,从全新的视角重新审视我国农业机械化发展的重要性、关键点和紧迫性。

2.3 农业机械化与工农协调发展

高度契合农业机械化与工农协调发展关系这一主题的研究,目前无论在理论还是实证方面均较为欠缺。因此,下文分别梳理关于农业机械化发展的促进作用以及存在问题的研究,总结工农协调发展目标下的农业机械化可能产生的重要促进作用和制约短板。

2.3.1 农业机械化的促进作用

早在 1959 年,毛泽东同志就指出"农业的根本出路在于机械化",强调了发展农业机械化的重要性。农业机械化既是农业现代化的重点内容和核心（孔祥智等,2018）,本质上体现了以现代科学技术和工业来装备农业、实现协调发展的理念,在解放劳动力、提高生产率、扩大生产规模层面发挥着重要作用,且由于其"连农带工"的属性,可作为研究工农协调发展问题的载体。

从历史的角度看,我国农业机械化历程也是工农城乡关系发展历程的缩影。随着家庭联产承包责任制的实施逐渐形成市场机制、农民开始发挥主体作用,农业机械化发展缓慢起步;1995—2004年间我国工业化和城镇化快速发展,呈现出劳动力价格上升、非农就业增加、农业社会化服务初步形成的局面,农业机械化进入推进阶段;2004年开始国家实施各类农业支持政策,提倡"多予少取""工业反哺农业",农业机械化发展经历"黄金十年",农机购置补贴政策的实施使农机数量和作业水平经历了快速增长或进步;2014年至今,再次认识并重视工农城乡关系,农业机械化发展进入转型时期,更加注重发展的内涵和质量(路玉彬等,2018)。

新时期,以农业机械化推进农业现代化是实现协调发展的必经之路。农业机械化未来将主导中国农业的方向,对推动农业现代化发展有重要影响:降低主粮生产成本,对主粮种植面积有显著正向影响(彭继权、张利国,2020);机械化是影响农业的关键因素,无论在作物品种和种植结构方面都有潜在重要的影响(Qiao,2017);通过减少污染性农业产业行为影响生态环境(田晓晖等,2021);相于化肥的使用,农业机械化水平会继续提高(刘琦、赵明正,2018);随着市场对农产品需求的增加,农业用地与劳动力的成本和比例上升,为农业更多带来了节约劳动力和机械化的现实需求(Diao et al.,2014)。

机械作为农业生产的主要技术装备,对改善农业生产经营条件、减少劳动力劳动强度,实现高质、高效生产等方面具有重要作用。在提高劳动生产率方面,农业机械使用的功效远高于人力畜力,每增加1%的农机使用率,从长期来看有减少2.82%役畜使用的趋势(Zhou et al.,2018),有利于增产增效、可持续性强;如精量播种不仅保证准确一致、资源节约,还为后期田间管理带来方便;深耕深松有利于改善下层土壤结构,以可持续的方式促进了增产增效;以及争取时间、不违农时,有效提高复种指数和土地利用率等。未来农业机械化将不仅仅局限于以生产工具替代劳动,还会对作物种植结构、作物育种、专业化分工产生越来越深的影响;通过农业机械化发展路径,以智能化、信息化为依托,通过各种技术手段实现农业机械的绿色化生产和高效作业,推动农机装备制造业高质量发展和转型升级,是下一阶段我国实现农业可持续发展和协调发展的关键。

事实上,我国农业机械化水平几十年的进步对传统农业改造、农业劳动力短缺、粮食安全以及产业协调发展方面做出的贡献值得肯定:一方面,过去20年里农业劳动力数量不断下降,农业产量却稳定增加,这种情况证实了农业机械化的替代作用(Yang et al.,2013),另一方面,非农就业的增加改变了农业特性,到2008年有近四分之一农户家庭完全从事非农劳动(Qiao,2017);值得注意的是,农业机械化与劳动力转移之间具有内生性关系:机械化发展促进了劳动力的转移,劳动力的转移同时也提高了机械化的需求程度(周振等,2016);农机服务市场为机械化发展创造了有利条件,对于粮食生产起到了重要保障作用(Wang et al.,2016),农业机械化发展既符合农业现代化发展需要,也是产业融合和协调发展的形式之一。

2.3.2　制约工农协调的农机化短板

我国农业机械化发展现状有两种观点。一是,有人认为农业机械化相比于之前已取得较大成就,已进入高级阶段:虽然中国的农户耕种规模平均只有0.5公顷左右,但已经形成了劳动力分工并经历了快速的农业机械化(Zhang et al.,2017);2000年后,尤其是2005年以后我国农业机械化加速推进,目前正处在中级向高级过渡的阶段(焦长权、董磊明,2018)。二是,也有学者对比国外相关研究或其他产业,农业机械化和农机产业发展整体水平还相距甚远,甚至可以用"落后"来形容:现阶段农业机械化总体水平仅相当于20世纪80年代日韩水平,与美国、加拿大相比差距更大(孔祥智等,2015);从农机服务的视角,农机服务替代劳动力暂未对农户粮食生产效率产生显著影响(杨进,2015)。

我国农业机械化发展薄弱性较易被之前取得的进步所掩盖。不平衡、不充分的问题日益突出,长期来看不利于协调发展。全国农作物耕种综合机械化水平由2008年45.8%到2019年超过了70%,从比例上来看虽有很大提高,但事实上在不同区域、不同产业、不同作物、不同环节上,一直存在着严重的发展不平衡、不充分的问题(张桃林,2012);农业机械工业2013年以来发展速度大幅放缓,持续下行、屡创新低。在农机市场需求强烈的情况下,企业数量不断下降,行业规模不断缩小,间接预示着农业机械化发展中存在一定问题。

对于农业机械化发展不平衡的具体体现,学术界看法不一。一些学者认为机械化水平整体不高、区域间发展差距大是主要表征(段亚莉等,2011;

黄玛兰等,2018;郑旭媛、应瑞瑶,2017;潘彪、田志宏,2018),比如北方农机作业水平处于中级阶段,而南方尚处于初级阶段,东中部农机作业水平明显高于西部(王盛安等,2016;段亚莉等,2011);相比于北方平原区,南方水田区和西南丘陵区的机械化水平明显更低(潘彪、田志宏,2018);很多地区具有全年劳动力过剩与季节性供求失衡并存的现象(钟甫宁,2016);也有研究认为发展不平衡、利用率不高、配置效率低下,以及社会化服务能力弱、配套服务滞后等(张宗毅、曹光乔,2012)是农业机械化发展薄弱的重要表现。从协调发展的角度来看,在我国工业化和城镇化发展取得历史性成就之时,农业机械化作为转变发展方式、提高生产力的重要基础,本应在农业现代化和工农协调实现的过程中发挥出应有的作用优势,但现实似乎并未符合理论预期。据此,在研究产业关系和协调发展的同时,还应对我国农业机械化发展失衡和差距予以重视。

农业机械对劳动力的替代水平与效果是研究农业机械化问题的基础和关键。有学者从农业机械对劳动力的替代效果和技术进步角度(Zhang & Brümmer,2011;Song et al.,2016),研究了我国农业机械化作用效果,但结论存在一定分歧。比如,认为农业机械与劳动力之间存在显著的替代关系(吴丽丽等,2016;Liu et al.,2014),或认为农业机械与劳动力之间替代效果仍不够明显,即农业机械的大量投入并没有明显产生置换农业劳动力的替代效应(谭诗斌,1989;马凯等,2011)。也有一些观点认为,农业机械对于农业劳动力有一定替代作用,但在各种因素交织作用下,替代难度不断增加(宋海风、刘应宗,2019;郑旭媛、应瑞瑶,2017);未能体现出机械化耕种的优势,正在经历由互补向替代过程的转变(黄玛兰等,2018;王晶晶、于冷,2019)。针对农机对农业劳动力替代效应的研究经常使用的方法包括 CES 常数替代弹性、MES 影子替代弹性(Blackorby & Russell,1989)以及超越对数生产函数等。

我国农业机械化发展是否受制于耕地面积或土地细碎化程度,目前在学术界具有较大争议。如果按研究数量的多少(关注度)来讨论影响我国农业机械化水平的主要因素,则发现关于耕地规模和资源禀赋的研究比例最高。有研究认为耕地规模是制约我国农业机械化进一步发展最主要原因,也有学者并不赞同。国情方面,我国人均耕地面积少,土地细碎化程度高,耕地面积的限制和大型机械规模效应的发挥之间存在矛盾:农业机械化发展速度主要受到资本短缺和能源成本、农场规模和补贴的影响(Binswanger,

1973);农业机械化更适用于规模化开展(Byres,1981);中国耕地规模对农业机械化制约相当严重,耕地现状给农业带来巨大压力,造成小麦、玉米、水稻等主粮的生产成本不断上升(Otsuka,2012);但是,通过土地整合、农机租赁等方式可减轻或绕过农地规模对机械化实施的限制问题(Wang et al.,2016)。从微观和宏观两个角度研究了农地规模对农业技术进步的影响,认为土地规模与农业技术进步显著相关(Hu et al.,2019)。因此,国内学者认为耕地规模与农业机械投入高度相关,应该鼓励农业土地流转和适度规模经营,提高农业机械生产水平(苏卫良等,2016)。

在不同视角下,农业机械化发展面临的挑战和任务重点有所不同。比如在地形束缚下,会出现区域不平衡、粮食生产的区域异质性等现象(郑旭媛、应瑞瑶,2017);对于不同地区应积极开展"地适机"或"机适地"(潘彪、田志宏,2018);从成本视角,农业机械作业价格和劳动力成本的变化与农业机械和劳动力替代的方向和强度相关,并对总体农业机械化进程产生影响(宋海风、刘应宗,2019);从劳动力视角,我国劳动力的年龄和体力、从事粮食生产的保障功能导致实现机械化的规模经营十分困难(彭代彦,2005),提高劳动力受教育水平和农业技术转型也是弥补劳动力不足、提高粮食产量的主要出路。但农户普遍缺乏必要的技术培训,缺乏对高性能农业机械的操作、维修、保养知识(吴昭雄,2011);机械化对劳动力的替代并不总是带来劳动力的转移,劳动力转移是否发生还取决于劳动力市场、政策环境等多种因素(Pingali,2007),也有研究认为小农机械化因较低的运营水平或较弱的基础设施支撑而面临挑战(Fischer et al.,2018)。

2.4 文献述评

从现有研究来看,我国要实现工农协调发展,农业机械化发展所起到的关键作用和存在的薄弱环节是值得关注的重点问题。在以要素转移和优化配置实现城乡联动、工农协调的长期发展目标下,农业机械化能否促进工农协调发展,具体效果如何,以及怎样更好地发挥农业机械化的促进作用成为了研究的关键问题。以上研究基本能够反映我国学术界近年来关于农业机械化与工农协调发展研究的热点和难点,但仍有一定局限性:

第一，工农协调发展是一个综合性、整体性的概念，受到经济、技术、社会等众多因素影响，从现有研究来看，立足工农互促、协调发展的理论探讨较多，实证研究较少。

第二，以往对农业机械化的分析多是地区局部视角、静态视角为主。许多研究将农业机械化看做农业现代化发展的一方面，微观层面分析较多，宏观层面分析较少。

第三，农业机械化本身涉及范围较广、内容较多，研究虽多但关注的重点不同。有些农业机械化发展问题学术上存在分歧，难以提炼出共性的发展规律，且现有许多研究认为我国农业机械化发展受到土地经营规模的严重制约，可能具有一定局限性。

第四，目前对于农业机械化重要性的研究反映出我们对其作用认识仍不够深刻。现有研究多聚焦于农业部门自身范围内讨论农业机械化的作用与贡献，实际上，农业机械化一手托两家，是"工业反哺农业"的直接形式和工农业融合发展的核心途径，也是工农协调的关键表征。

本书认为，农业机械化作为农业现代化的核心，应该放在工农关系的背景下，以更为宏观和动态的视角去理解和把握。只有推进我国农业机械化快速发展、建立协调的工农—城乡关系、充分发挥工农业联动效应、促进城乡深度融合和要素资源的合理配置，才能突破我国农业机械化发展的瓶颈制约，形成我国农业农村、经济社会的良性协调和可持续发展的局面。

3

农业机械化与工农协调发展理论基础

　　本章内容对二元经济理论、诱致性技术变迁理论、要素替代与投入优化理论、马克思主义工农关系相关论述、产业政策理论等进行概括和梳理,为后续研究农业机械化与工农协调发展问题提供基础理论支撑。农业机械化、工农协调发展均为整体性、综合性的概念,多方面的理论基础有助于从多角度为本研究提供参考和启示。

　　"工农协调"是本研究的基本视角和落脚点,二元经济理论通过工业化进程中劳动力转移的一般规律,为研究工农业发展规律和"工业反哺农业"问题提供了基础思路,而马克思主义工农关系理论是研究工农关系的基础,为把握工农产业在动态变化中寻求同步发展的规律提供了根本遵循。基于农业机械化技术性与经济性的特点,选择速水、拉坦提出的诱致性技术变迁理论作为分析要素投入与替代关系的基础,能够较好地解释农业生产投入结构变化、要素间替代关系,而要素替代与投入优化理论揭示了要素投入具有经济性的基本条件。此外,农业机械化与工农协调均为较大的命题,选择产业政策理论、注意力经济学理论等从行业角度或制度、政策方面作为理论支撑,为研究农业机械化发展赋能工农协调发展提供更多有益参考。

3.1　二元经济理论

　　"二元经济"的概念,起初是由荷兰经济学家 J. H. 伯克(Boeke,1953)在著作《二元社会的经济学和经济政策(以印尼为例)》中首次提出。之后,美国经济学家威廉·亚瑟·刘易斯(Lewis,1954)在其著作《劳动无限供给条件下的经济发展》中,通过建立了劳动力无限供给下的二元经济模型,亦称为刘易斯模型,描述了世界上发展中国家传统部门和现代工业部门并存的社会现象，成为发展经济学的理论经典。

在二元经济结构理论中，刘易斯把发展中国家的经济主要划分为两个部门，分别是以传统农业为代表的生产率低下、维持生计的传统部门，以及以现代技术为代表、发展迅速的工业部门，这两种部门并存的现象称为二元经济结构。虽然刘易斯在文章中指出，该模型并不一定适用于所有发展中国家，但在一定程度上，该理论对解释和总结发展中国家工农部门的基本发展规律有重要意义。

刘易斯模型描述了经济发展中劳动力流动的过程，较好地解释了工业化和工农关系形成的过程。劳动力从生产率低、工资率低的传统部门流出，转移至较高生产率和工资水平的现代工业部门，为工业创造利润、累积资本的整个过程。模型中劳动力的供给主要取决于部门间工资差距，换言之，在传统部门劳动力无限供给的条件下，当工业部门拥有相对较高的工资水平，农业剩余劳动力就会从农业部门转出并进入工业部门，形成工业初始资本的积累并用于再生产。最终，以城市中的现代工业部门逐步扩大生产规模，以农业为代表的传统部门逐渐走向衰败。

值得注意的是，刘易斯模型以劳动力的无限供给为前提，是对社会积累、分配和增长问题的一般性研究。在模型中，传统部门拥有大量剩余劳动力且工资水平极低，甚至仅能满足基本生计；现代部门劳动力数量较少、生产率较高，只要能够支付稍高于传统部门的工资水平，就可吸纳农业部门的劳动力，并且获得无限供给。换言之，传统部门的工资水平亦可被看作现代部门的工资下限。现代部门通过吸收大量剩余劳动力扩大生产规模，产生利润将转化为资本后进行再生产，又会吸纳更多的劳动力，直到农业部门的剩余劳动力全部被吸纳。该模型通过描述发展中农业劳动力转移的过程，含蓄地强调了工业部门发展的重要性，暗含了只有将农业资源向工业部门转移，才能实现经济的发展和劳动力收入提高的观点。该模型的局限性主要体现在假设上，如工业部门完成的资本积累与劳动力的就业呈固定比例增长、假定剩余劳动力全部来自传统部门所在地区，城市中是充分就业的情况以及城市工业部门工人的实际工资保持不变等（姚洋，2018）。

其后，拉尼斯和费景汉在刘易斯的研究框架下对模型进行了修正完善，是本书借鉴之重点。在《经济发展理论》一文中，拉尼斯和费景汉（1961）根据劳动力的转移和粮食价格特征主要归纳为三个不同的阶段，分别是农业劳动边际生产率为零的第一阶段、农业劳动边际生产率大于零、小于农业劳动力平均收入水平(即制度工资)的第二阶段,以及劳动力完全吸纳,农业部门的工资取决于边际产出的第三阶段。值得注意的是,第二阶段中,由于农业劳动力的转移带来粮食价格的上涨,此时工业部门需支付更高的工资,因而不利于工业的扩张,但若农业生产率有效提升,则会出现劳动力转移但产量不下降的情况。基于这一点,该理论将农业生产率和剩余劳动力转移看作是工业部门扩张的前提,观点暗含了工农业均衡增长、协调发展的内容,这也是本书关注的重点之一。

"刘—拉—费模型"研究侧重于工业部门的形成和发展,认为农业的发展有赖于工业部门,强调了工业在经济发展的重要性而忽视了农业的作用。在这种观点下,农业似乎成了辅助工业发展的工具,大量资源从农业部门流向城市和工业也成为理所当然。对于农业在经济发展中的重要作用,一些学者如Jorgenson(1961)在《两部门经济发展》中,提出了劳动力的转移实际是以农业进步为前提条件,强调了农业剩余对工业部门发展的重要性;舒尔茨(1964)在《改造传统农业》中,也强调了技术和制度对农业发展产生的重要作用。

尽管具有争议,二元经济理论基于一些发展中国家二元经济结构存在的事实,对于许多国家,尤其是中国工农问题的研究仍具有重要的借鉴意义(梁小民,1982;蒋东生,1990)。刘易斯提出的二元经济理论也是最早结合了工业化、劳动力流动和资本积累之间关系的理论研究,为研究我国工业化进程和劳动力转移背景下工农关系提供了理论基础。二元经济理论涉及的工农业发展关系,描述了我国二元经济结构的形成,以及现代工业建立与发展过程。我国在发展初期设定关于"农业支持工业"、有利于工业发展的相关政策,使农业和农村为了支援工业和城市发展而输出大量资源,造就了农业自身发展的动力不足、农业发展水平低的事实;制度和公共政策的偏向性,在公共投入、社会保障、价格管理等方面向城市和工业偏斜,导致了资源要素在城乡和工农业之间流动和分配不合理,造成工农城乡发展差距不断加大(曹俊杰,2017)。

从理论上看,消除二元结构关键在于农业剩余劳动力的转移。劳动力转移问题既是城镇化进程的一部分,也是农业机械化发展的潜在动力。但不可忽视的是,劳动力转移发生与技术密切相关。比如,由于机械化发展、耕作方式变革带来的农业产出增加,使得农业劳动力得以释放,进入工业部门获得更高收入,而工业发展进一步促进农业生产技术改进和农业生产水平的提高。如何实现工农协调发展、让工业为农业发展提供有力支撑,是农业机械化和农业现代化实现的关键。因此,通过"工农协调"的思路框架,把农业机械化发展问题的解决同工农协调发展结合起来,需要得到更全面的理解。

我国的工农关系发展部分印证了二元经济理论中相关论述:第一阶段为农业支持工业的阶段,大量的农业资源为工业部门的发展提供积累和支撑;第二阶段,农业的发展主要依靠自身剩余,工业的进一步发展依靠自身积累;第三阶段工业已经具备规模,能够通过反哺农业的方式,工业部门以资金、要素等形式支持并回报农业(冯海发,1995)。经济发展过程中劳动力的大量转移,无疑对农业和农业机械化发展提出了更高要求。我国农业机械化发展客观上受到人多地少、资源约束等限制,"工农差距""城乡分割"所体现出的发展不充分、不协调问题,对发展形成了制约,也造成工业化和城镇化驱动乏力,影响着工农业协调发展。

因此,需要从工农业发展的基本规律出发,在对工农关系的本质和特点形成准确把握的基础上进行更为具体的分析。基于二元经济理论下对工农协调发展规律的理解,消除二元经济结构、实现工业与农业发展的良性互动,对本书具有重要的借鉴意义。

3.2　诱致性技术变迁理论

技术进步是农业生产要素相对稀缺性的体现(钟甫宁,2011)。农业的发展受到各种资源条件的制约,而通过技术进步则使得在不改变资源要素投入的条件下突破制约成为可能。

"诱致"一词,最初起源于希克斯1932年出版的《工资理论》,他把技术进步的方式归纳为资本节约型、劳动节约型和中性技术进步。20世纪70年代,日本学者速水佑次郎(Yujiro Hayami)和美国经济学家弗农·拉坦(Vernon W. Ruttan)提出了农业发展中的诱致性技术变迁理论,在国际上得到了广泛的认同。速水和拉坦的主要观点在于,要素的相对稀缺决定了要素价格的变动,通过技术进步能够实现充裕要素对稀缺要素的替代,诱导源于资源禀赋、产品需求的增加等经济力量,说明了技术变革和制度变革的内生性特点。

诱致性技术变迁理论,较为系统地阐述了技术进步实现的过程。在《农业发展:一个国际比较的视角》中,速水和拉坦分析了资源禀赋、技术与制度间的一般均衡关系,建立了诱致性技术和制度创新模型,对劳动力相对价格的变化引起的生物、机械方面的技术进步进行了很好地解释(郑旭媛,2015)。同时,该理论也体现了工业部门对农业部门的支持作用,即资源禀赋诱导下的农业技术进步离不开工业的支持(郭熙保、苏甫,2013)。换言之,要实现土地对劳动的替代,就需要相应投入机械和动力,如实现劳动对土地的替代,则需加大对生物化学工业的投入。

该理论从技术进步角度解释了农业机械化的发展过程,见图3-1,I曲线代表创新可能性曲线(innovation possibility curve),显示为一条包络线,由无数弹性较小的等产量曲线(i曲线)组成;ML曲线位于横轴下方,表示土地和农业机械作为生产要素投入,呈互补关系。

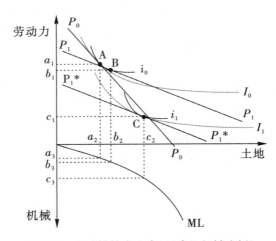

图3-1 诱致性技术进步(以农业机械为例)

设0期的创新可能性曲线为I_0,等产量曲线为i_0,对应某种农业机械技术;曲线P_0P_0表示土地价格与劳动力价格之比。i_0与P_0P_0相切于A点,此时土地、劳动力两要素的边际替代率等于其价格之比,总成本最小,要素投入达到最优组合;此时劳动力、土地和机械投入量分别为a_1、a_2、a_3。在不发生技术进步的条件下,当劳动力价格相对土地价格出现上升,土地与劳动力价格比曲线由P_0P_0变动至P_1P_1,则总成本最小的要素最优配置点只能沿着原

有等产量曲线 i_0 由 A 变动至与 P_1P_1 的切点 B，劳动力投入量略微下降至 b_1，土地和机械投入量分别略微上升至 b_2 和 b_3。

设劳动力价格相对土地价格上升引起农业机械技术进步，则 1 期的创新可能性曲线由 I_0 向原点方向移动到 I_1，表示单位产量所需的要素投入量出现降低。设进步后的某种农机技术的等产量曲线为 i_1，其总成本最小的要素最优配置点为与 P_1*P_1*（与 P_1P_1 平行，表示相同的土地—劳动力价格比）的切点 C，此时劳动力投入量自 b_1 大幅度下降至 c_1，土地和机械投入量亦分别上升至 c_2、c_3。前文已经假设土地和农业机械投入存在互补关系，农业机械技术进步一般会引起农业机械价格相对劳动力出现下降，因而从 B 点到 C 点的生产者预期收益变动是此种诱致性技术变迁能够发生的前提。

农业生产受劳动力、土地等投入要素约束，通过技术进步可以突破资源的约束。由于农业中劳动力、土地等投入要素的替代弹性和相对价格的不同，在市场机制的作用下，会诱导产生节约稀缺要素的技术变迁，即实现充裕或相对廉价的要素对其进行替代。比如上文中描述的例子，当劳动力要素价格相对土地价格上升，就会产生节约劳动为目的的农业机械技术进步，通过采用大规模机械作业来实现对劳动力的替代，这种情况常见于土地充裕而劳动力相对稀缺的国家，如澳大利亚、加拿大、美国等。又如，当土地的相对价格出现上升，通过提高土地生产率来节约土地投入的生物化学技术进步就会产生（例如化肥的使用和改进），这种情况以日本为典型。

该理论为研究农业机械化对工农关系的促进作用提供了基本出发点。从诱致性技术变迁理论，我们可以发现，诱导产生技术进步、实现经济增长的关键在于"不平衡"的出现（速水、拉坦，1971）。从要素供需和替代的视角，我们能够在技术诱导进步的基础上对农业支持工业、工业反哺农业的过程实现基本推演：一方面，工业发展对劳动力的需求使得农业劳动力大量转移，带来农业劳动力价格的上升，高成本劳动力供给对农业生产产生的约束，可通过机械技术的进步，实现对劳动力资源替代的过程；另一方面，工业本身通过提供化肥等生产资料促进土地生产率的提升，实现对农业的发展支撑。

要素供给的相对稀缺程度决定了要素的相对价格，而相对价格的差别会诱导出相应的技术进步，以此来缓解农业发展受到的约束。这意味着，工业支持和反哺农业的效果，实际也取决于要素间的相对价格。比如，当农业中劳动力的使用成本比机械使用成本更高时，引入农业机械进行生产的经济条件才会成熟,通过农业机械化使农业劳动生产率大幅度提升的情况才会出现(杨永华,2011)。本书中将沿用诱致性技术进步理论的主要思路,通过考察粮食生产中农业机械和农业劳动力的边际替代率和价格比,对工业反哺农业的实际效果进行研究,包括工业是否有能力为农业提供物美价廉的农业机械、农业机械能否有效替代农业劳动力等。

整体上,诱致性技术变迁理论对我国农业发展路径具有解释力。当要素价格发生变动,更为廉价的要素以及适应新要素配比的技术将取而代之(罗浩轩,2021)。我国总体上具有土地相对稀缺、劳动力充裕的初始禀赋特征,在工业化过程中,农业劳动力作为生产要素,不断转移的过程中相对价格不断上升,推进了城镇化的进程,同时土地资源的刚性约束越发明显。以机械实现对农业劳动力的有效替代,不仅是生产效率提升的关键,也是农业要素禀赋结构升级、缩小与工业发展差距的现实需求。当下,我国改造传统农业、推进农业机械化的任务艰巨,这就要求工业部门把更多的先进生产要素引入到农业,农机制造工业为农业机械化发展提供物美价廉的高端机械装备,有力支持农业机械化和农业现代化发展。

诱致性技术变迁理论为理解农业的生产和投入结构的变化、要素间的替代关系提供了一般性技术路线,也对本书中关于机械对劳动力替代效果等主要观点提供了重要理论支持。

3.3　要素替代与投入优化理论

根据西方经济学"理性经济人"这一基本假设,生产者以利润最大化为目的进行生产决策。大多数生产过程可以投入不同比例的生产要素而达到相同的产量,即对应可变比例的生产函数。在这种情况下,若增加一种要素(以下称可变要素)投入量而减少另一种要素(以下称固定要素)投入量,则可变要素的边际报酬(即增加一单位该要素投入引起的总产量增加量)一般会经历先递增、后递减两个阶段:初始阶段,可变要素投入量很小,固定要素投入量相对过多,生产过程效率很低甚至可能无法正常进行。此时,增加可变要素投入量可使生产过程能够有效进行,即出现可变要素的边际报酬递增现象。可变要素增加到一定阶段时,固定要素已得到充分利用,如果继续增加可变要素的投入,就会出现可变要素相对过多而固定要素相对不足。此时,虽然总产量仍然随着可变要素的投入而增加,但其增加量出现递减,此即生产要素报酬递减规律。实际上,报酬递增现象可能不会出现,因为如果固定要素可以细分,则生产者总可以以适当数量的固定要素与可变要素搭配;要素的边际报酬也可能在一定的范围保持不变;技术进步可以改进要素间的配合效率,使报酬递减现象延后出现,但这并不会使报酬递减规律本身失效(宋承先,2009)。

在给定产量前提下,生产者作为理性经济人,追求利润最大化就是追求总成本最小化。为简便起见,假定生产要素包括资本(K)和劳动力(L),二者可以互相替代。设总产量为一定值 Q,则该函数的图像形成一条等产量线,表示产量为 Q 所需的两种要素投入的所有组合。等产量线上任意一点切线的斜率等于该点处劳动力与资本的边际生产率(边际报酬)之比的相反数,实际上,这个比值即为劳动力对资本的边际替代率($MRTSLK$,取正值)。在要素报酬递减规律的作用下,当劳动力投入增加时,其边际报酬和对资本的边际替代率不断降低,在几何上表现为切线斜率的绝对值不断降低,等产量线呈现一条凸向原点的曲线。

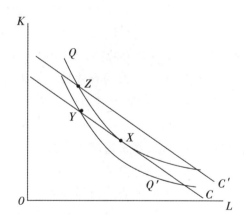

图 3-2　给定产量、成本最小化的要素投入组合

给定产量、成本最小化的要素投入组合如图 3-2 所示。曲线 C 为等成本线,表示所有总成本为 C 的资本、劳动力投入的组合。等产量线 Q 与等成本线 C 在点 X 相切,X 点即为总成本最小的资本、劳动力最优组合。从几何上看,这是因为等成本线 C 上除点 X 外的所有点(如点 Y)均位于距离原点

更近（即总产量更低）的等产量线（如 Q'）上；而等产量线 Q 上除点 X 外的所有点（如点 Z）均位于距离原点更远（即总成本更高）的等成本线（如 C'）上。等成本线 C 的斜率等于劳动力与资本价格之比的相反数，故在点 X 处，有：

$$MRTS_{LK} = \frac{MP_L}{MP_K} = \frac{P_L}{P_K} \tag{3-1}$$

即两种投入要素的边际技术替代率等于其价格之比，这表示生产者通过对要素投入量的不断调整，使最后一单位的资金投入不论用于哪一种要素，获得的边际产量都是一样的，从而达到要素投入的最优组合，以最小成本实现给定产量。边际技术替代率是一个技术概念，与生产函数本身有关；而要素价格之比是一个经济概念，这体现了要素最优组合是技术效率和经济效益的辩证统一。

为农业提供先进的生产要素，是工业支持农业发展、农业机械化发展的基本形式，也是帮助农业恢复"造血"功能、实现农业现代化的重要途径。农业机械、化肥等要素作为与农业相关的主要工业产品，在提供装备、改善农业生产条件上发挥着重要作用。但要实现工业对农业的有效反哺，不仅要有技术效率，更需有经济效益。农业机械化是否能够有效赋能工农协调发展，不仅取决于农业机械是否能够有效地替代劳动力，更要看这种替代作用对于农业生产成本的控制。因此，一方面，工业为农业提供的农业机械应当物美价廉，这样才能使得机械对劳动力的替代不仅技术上有效率，而且经济上亦有效益。另一方面，机械对劳动力的有效替代可以释放大量的农业劳动力，反过来促进工业化、城市化进程，在增强农业生产能力、补齐发展短板的基础上促进工业本身的进一步发展，形成良性循环，实现工农协调发展。

作为西方经济学的基础理论，要素边际报酬递减的规律主要解释了单个生产要素的投入量并非越大越好；要素替代和最优组合的理论则说明了要素投入具有经济性的条件，为有关农业机械化效率和效益问题的分析提供了支撑。农业的各种生产要素具有不同程度的相互替代性，农业机械化在实现技术效率与经济效益辩证统一的前提下，才能更好赋能于工农协调发展。西方经济学相关理论为本书研究农机行业供给、政策优化、提升农业生产效益提供了科学有效的分析工具。

3.4 马克思主义工农关系论述

　　西方关于"工农关系"和"城乡关系"的描述最早可追溯到 16 至 17 世纪,从托马斯·莫尔对"乌托邦"的遐想,到 19 世纪的欧洲空想社会主义思潮爆发达到顶峰,许多学者描绘出了理想图景。在资本主义的时代背景下,空想社会主义思想家们纷纷在著作中批判和讽刺了社会中存在的对立与矛盾,体现了西方社会由农业文明向工业文明的过渡中,思想家们对消除阶级对立、城乡差别和贫富差别,建立平等和谐社会的美好构想。傅立叶构想的"法郎吉"(Phalange),是一个在和谐制度下进行生产、消费协作的集体,成员既从事工业劳动又从事农业劳动,是一种亦工亦农、亦城亦乡的社会组织;圣西门提出的"实业制度",是一种人人平等没有特权、工农城乡之间联合协作的构想(盛辉,2018);欧文想象中的"公社制度",也暗含了城乡一体、协调发展的理念。

　　19 世纪 30 年代之后,马克思和恩格斯在欧洲工人运动经验的基础上,创立了科学社会主义。"工农"与"城乡"发展关系的理念,经由马克思和恩格斯的科学总结,在理论上和思想上得到了升华。虽然马克思主义关于工农关系的观点并没有形成专著,但是在许多经典著作中关于工农关系的片段仍可作为研究工农协调发展问题的根本遵循。

　　马克思主义思想理论将农业描述为"一切劳动"的"自然基础和前提"(马克思,1957),从根本上肯定了农业在国民经济中的基础作用。只有当农业部门有能力提供足够的剩余产品时,才有可能使工业最终从农业中分离出来(朱志良,2009)。

　　马克思主义对于"工农关系"的理解,实际是从劳动生产率和劳动分工的角度出发,对城市和工业的出现带来的社会分工的合理性和必然性进行了解释。当工业迅速发展时,对劳动力形成了大量需求,工业与农业在工资上的差别形成了劳动力流动的动因,工业部门的高工资使劳动力"成群结队地从农业地区涌入城市"(马克思、恩格斯,1973);恩格斯在《反杜林论》中,也对城市集中发展工业后,资本主义工业又从城市迁往农村,最终形成新城市的过程进行了具体描绘。归根结底,马克思主义认为工农和城乡分离虽

是社会分工和经济发展的产物，但从对立走向融合，也应是历史发展的必然。

结合对生产力和生产关系发展矛盾的分析，马克思主义理论系统地展现了"城乡融合""工农联合"的主要思想。马克思认为工农的对立是阻滞社会进步的直接原因，并基于对这种关系的认识提出：要消灭这种分离和对立，就要"形成工农联合"（马克思、恩格斯，1972），以"促使城乡间差别逐渐消失"（马克思、恩格斯，1973）。马克思主义提出的工农联合、城乡融和的构想，是对资本主义世界城乡对立的现实进行的深刻批判。

在经济社会发展初期，我国实施了"农业支持工业，农村支持城市"的方针，在一些城市和工业优先发展的政策中体现出来。在取得工业化和城镇化快速进步的同时，工业与农业发展差距悬殊，城乡差距进一步扩大。马克思主义对于农业基础性的认识和城乡协调的观点，对我们研究工农关系背景下我国农业机械化发展问题有着重要的指导意义。

一是，马克思指出，将机器和科学"大规模的、像在工业中一样应用于农业"（马克思、恩格斯，1972），能够有效缩短劳动时间、提高农业劳动生产率。马克思主义以机械替代劳动力工作的设想，体现了农业机械化的概念雏形和工业对农业的具体实现路径；二是，对农业生产要素的重视，马克思主义提到"城市中利润降低，资本流入农村"（马克思、恩格斯，1973）形成的对农业劳动的需求，也是农业发展和提高农业劳动报酬的过程。在工业化和城镇化进程中，劳动力、土地、资本等要素的流动通过供需关系对工农关系产生直接或间接的影响。当下，保障城乡、工农业之间要素的自由流动，促使要素更多地流入农业和农村，引导资源向农业流入，是缩小工农差距、实现协调发展的关键。

马克思主义关于工农关系的相关论述表明，"差别出现"是促进协调发展的动力。工业与农业、城市与乡村的关系无论对于发达国家，还是发展中国家都是必须面对和解决好的重点。几十年来，我国在相关研究和具体实践中，基于马克思主义经典作家的主要思想，从"抑农重工"到注重"协调发展"，以及"城乡一体化"和"统筹发展"等政策观点（赵勇，2004），以及习近平总书记相关重要论述，都是马克思主义中国化的最新理论成果。新中国成立以来，我国的工农关系在不同的发展阶段体现出不同的特征，从以农业为主导，通过"以农补工"的方式支持工业发展，到提倡"工业反哺农业"、新型工农城乡关系的构建，都是基于马克思主义对工农关系的理论基础，也是现阶段理解社会发展中遇到各种深层次问题的重要参考。

当今经济、社会、技术不断变革,尤其是以机械为代表的生产技术快速发展的条件下,协调发展和高质量发展成为下一阶段的发展重点。通过重温马克思主义关于工农关系的相关论述,不仅有助于在动态变化中探索工农协调发展的规律,也为我国统筹发展、进一步推进现代化建设提供了根本遵循。

3.5　产业政策理论

公平有序的竞争环境是产业发展的重要条件,我国农业机械化尤其是农机工业发展的不同阶段很大程度上体现出产业政策的重点。产业政策本身是政府制定用于引导产业发展、推动升级、协调产业结构、实现可持续发展的主要行为,产业政策支持的对象是行业。关于"产业政策"的思想,最早可追溯到 16 世纪英国对毛纺织业的保护和控制,世界上大部分国家都曾有过扶持或重点发展特定产业和领域的经历,对产业政策的实施和效果亦进行了大量研究和讨论。

早在 20 世纪 80 年代,学术界开始出现产业政策的相关研究。1970 年,日本通产省的代表在经济合作与发展组织大会上做了题为《日本的产业政策》的报告,首次提出产业政策的概念及重要性,指出日本因产业政策实现了经济增长的事实。1982 年,美国学者查莫斯·约翰逊在其著作《通产省与日本奇迹:产业政策的成长(1925—1975)》中,指出日本作为一个经济起步晚、资源相对匮乏的农业国家,能够跃居世界发达国家的重要原因就是产业政策的实施,也有学者持有类似观点(小宫隆太郎,1988)。1990—2008 年间,在"新自由主义"和"华盛顿共识"的影响下,学术界对产业政策的相关研究较少(贾诗玥、李晓峰,2018);2008 年后,"产业政策热"再度兴起,英国、美国、日本等国家的相关论文和研究数量激增,引发了人们对产业政策作用和政府职能的再次思考。许多发展中国家为实现"后发优势",也试图借助产业政策理论,找到更好的发展的出路(马本、郑新业,2018)。产业政策广泛存在于许多行业和领域,我国自 20 世纪 80 年代开始全面推行产业政策,现已成为政府重要的管控工具。

按照政策的目的,产业政策大体可分为传统意义上的产业政策和功能性产业政策(江飞涛、李晓萍,2018)。传统意义上的产业政策是政府为促进资源在产业间合理有效的分配,或是对扶持产业的经营活动进行的干预,其主要特征是在微观层面,通过资源配置等干预形式促进特定产业的发展;功能性产业政策更强调市场的重要作用,在市场机制失灵条件下,由政府通过制度和政策调整来弥补市场失灵。近年来,产业政策理论引起了较大的争议,主要是围绕政府和市场的关系,政府的作用和边界展开的争论。

新古典经济学中的"市场失灵论"是产业政策理论的基础,亦是争论的核心。传统"市场失灵论"认为,完全竞争市场结构虽是资源配置的最佳方式,基于严格的假设条件难以实现,仅靠价格机制来配置资源无法实现帕累托最优。市场失灵论是支持产业政策的重要理论依据。该理论认为,在某些干扰下市场机制不能正常发挥对经济的调节作用,不利于资源的合理和有效配置,主要基于以下几个原因:①不完全竞争(即垄断)有可能影响市场机制的有效运行,妨碍经济效率的提高;②外部性(即外部效应),无论是正外部性还是负外部性,均可使资源配置低效抑或无效,需要政府运用政策手段进行干预和调节;③是信息不完全,是指市场参与者在信息掌握程度上存在差异,可能不利于公平竞争,因此政府应发挥作用纠正市场缺陷;④市场对社会整体有用的公共物品的资源配置难以作用,亦需要政府的干预和协调。政府对市场失灵的干预,可以从微观、宏观两个层面进行。微观层面主要是价格管制、消费政策、分配政策等,宏观层面一般通过财政政策、货币政策、收入政策、新增公共物品的供给等。整体而言,宏观和微观政策都是通过规则的制定,克服市场的缺陷,以便更好地维护市场秩序。

产业政策理论在我国学术界引起了较大波澜。林毅夫(2017)肯定了政府策略性地使用其有限资源,促进某种产业的发展,以克服外部性和协调性问题的重要性,提出"有为政府"和"有效市场"的结合;张维迎坚持认为在信息不对称,创新不可预见性以及委托—代理机制限制下,市场机制是实现资源配置的高效手段(姜达洋,2017);有学者讨论了政府的功能及其限度(朱富强,2016),关于经济独立性和政策稳定性、有效市场和有为政府的结合等(赵娜,2021)。

而在近年来产业政策理论相关研究中,学者们在传统市场失灵论基础上,对产业政策的内涵形成了更丰富的认知。比如,传统市场失灵和市场协调失灵的区别(马本、郑新业,2018),传统市场失灵论在对于现实的解释力不足的条件下,一些其他视角诸如演化经济学的系统失灵理论(贾诗玥、李晓峰,2018)、企业家型政府理论(Mazzucato,2013)的提出,等等。对于市场失灵论"失灵"的看法说明,21世纪以来,在研究政府实施产业政策的理论和实践方面,关于产业政策的研究范畴已超越了新古典经济学中传统的市场失灵理论。

产业结构政策作为产业政策理论的重要内容,是国家改善产业结构的调节手段,侧重于政府依据产业发展现状,在产业结构演进的规律下,依据目标对产业结构进行分阶段规划,重点发展战略产业、实现资源优化配置的政策。按照政策目标和实施重点,产业结构政策可分为主导产业支持政策、战略产业支持政策、幼稚产业扶持政策、衰退产业退出政策以及产业可持续发展政策等几种类型,其实施原因主要有促进产业结构转型、提高产业技术水平、促进资源合理配置和协调发展等,实施效果受到经济、政治、历史等一系列因素的影响。

产业结构理论的主要思想最早源于英国古典经济学家威廉·配第、法国重农学派代表魁奈的基础理论,在20世纪中期得到了快速发展。产业结构演进的规律是产业结构理论的研究重点,具体内容从三次产业的演进规律得以体现,具体内容有研究劳动力转移的配第—克拉克定律、研究劳动力收入分布的库兹涅茨的"收入影响论"、罗斯托的主导产业扩散效应论、研究工业内部结构的"霍夫曼经验法则"、钱纳里的工业化阶段理论、赤松要雁行的产业结构国际化理论等。

随着时间的推移,国内外对产业政策理论内涵和外延的理解不断深化。新时期,产业政策受到全球化与技术变革的双重挑战(张亚鹏,2020)。自20世纪80年代末我国开始全面推进产业政策以来,在诸多领域中进行了大量实践,对我国市场化改革、产业结构转换有着重要意义(江飞涛、李晓萍,2018),我国产业政策的实施逐渐体现出从选择性产业政策到选择性与功能性相结合的特点,对我国农业机械化的起步和发展具有一定影响。

产业政策重点的变化往往与我国经济社会发展的重点相一致。隐藏在发展进程背后的,是相关制度安排的演化。工业化发展初期,在高度集中的计划经济体制下,产业政策重点是加强和培育基础产业;工业化中期和后期,我国产业需在国际上提高竞争力和技术水平,产业政策的重点在于促进整个行业新技术、研发能力和创新能力的提升,促进产业的转型升级,加快产业结构的调整。从我国产业政策的演进来看,越来越注重突出市场机制的积极作用。提高产业竞争力、加快产业结构调整,需要推动产业政策转型,平衡好产业政策与竞争政策的互补和协同(江飞涛、李晓萍,2018)。但在不同产业发展中作用不同,对于追赶型产业,即产业技术和附加值水平与发达国家有差距的产业,如汽车、高端机械装备等,政府应从技术创新和产业升级的角度,实行相关的产业政策(林毅夫,2017)。

新中国成立以来,我国农机工业体系初步建立,农机制造业从工业制造业中独立出来。20世纪60~70年代即改革开放之前,在计划经济的背景下,我国对农机工业实行计划管理和配给,对农机产品实行了低价格、价格外补贴等政策,造成了农机产品价格与价值严重背离(江泽林,2015)、农机行业驱动乏力等问题;80年代制造业产品价格逐步放开,并通过价格补贴、减税等政策手段减少行业亏损、调节农机工业的发展,一方面给国家带来了沉重的财政负担,另一方面长期发展低迷的状况并没有使农机工业产生较大的起色;直到90年代,计划经济体制下的农机优惠政策取消,农业机械化真正进入市场化发展阶段,我国农机行业发展的驱动机制发生改变,转变为企业效益为主导,真正出现了快速发展的迹象;2000年以来,应对农机结构调整的需求,中央财政实施农机购置补贴政策,有效带动了企业生产和农户购机的积极性,使农业机械化得到了快速的发展,经历了"黄金十年"的发展期;2010年后,为充分发挥市场对资源配置作用、政府宏观调控的作用,建立企业为主体、市场为导向的农机装备生产制造体系,2010年以后国家相继出台的《产业结构调整指导目录2013年修正版》《中国制造2025》《国务院关于加快农业机械化和装备产业转型升级的指导意见》,表明随着整体工业化的发展进程,我国的农机产业发展越来越多参与到国际分工和市场竞争中,迫切需要提高技术能力和行业竞争力,是通过产业政策的制定,加快推进农业机械化和农机装备产业转型升级的实际举措。

总体看来,我国农机产业体系从零基础到相对完备,技术水平从薄弱到稳步提升,很大程度上受到经济发展水平的影响,而发展水平很大程度上决定了产业政策调整的重点。尤其是经历了高速发展之后,发展不平衡、不充分的问题凸显,面对农机市场部分产品产能过剩、低质量重复、结构性矛盾、缺乏核心竞争力的问题,农业机械工业需向高端制造、高质量发展转型,更需要技术创新和自主创新能力的提升。当前,我国农机行业进入结构调整、技术升级的新阶段,合理的产业政策能够为我国农机工业创造良好的制度环境、公平有序的竞争环境和更多的发展机遇,从而为农业机械化赋能工农协调发展提供更强劲的"原动力"。

　　除以上几种基本理论外,本书还涉及一些其他理论,比如注意力经济学理论。"注意力经济"的概念最早由美国学者迈克尔·高德哈博(Michael H. Goldhaber)于 1997 年提出,达文波特和贝克(Davenport & Beck,2002)在此基础上进行了补充和发展。整体而言,注意力经济学理论认为,当今社会存在信息过剩的现象,而人们有限的注意力成为相对稀缺的资源。在现实中,注意力作为一种引导要素流动和聚集的方式,可直接或间接作用于区域的经济发展。因此,注意力经济学理论在研究制度、政策环境下要素的聚集和流动有一定借鉴意义,对研究我国工农关系特点的形成、工农协调发展问题、政策和制度的影响具有一定启发。

4 农业机械化发展水平及效果考察

我国农业机械化经历了漫长、曲折的历程,始终在不断探索一条适合自身的发展道路。农业机械化在农业之内、产业之间发挥着重要的作用,亦受到相关制度、宏观政策的深刻影响。本章将总结农业机械化发展特点和驱动因素,对我国农业机械化发展水平进行测度,对其在粮食生产中的作用进行考察,作为后续章节探讨农业机械化赋能工农协调发展机理、考察其实际效果的铺垫。

4.1 农业机械化发展特点

农业机械化是发展方式转变、提高农业竞争力的重要途径,在工农互促、协调发展的目标下更具重要意义。经历了 20 世纪 70 年历程,我国农业机械化发展整体呈现出几个基本特点,即机械化生产模式选择的必然性特征、农机作业水平提高的技术性特征,以及社会化服务形成的适应性特征。

4.1.1 国情农情决定必然性

就农业生产而言,农业机械化生产模式的选择对保障农业生产和粮食安全具有重要战略意义,是"人多地少"现实条件下的合理选择。2019 年我国耕地面积共 20.23 亿亩,按第一产业劳动力人数计算,平均耕地面积仅 0.69 公顷,远低于世界平均水平。农业机械化的发展为提高农业综合生产能力、产品竞争力、支撑和引领农业现代化发展发挥了重要的作用。使用农业机械进行作业不但效率高、损失小、有利于争取时间不违农时,而且可以促进增产增收、提高复种指数等。

已有相当多研究对农业机械化的作用进行了肯定。近二十年内,我国粮食总产量和单位面积产量逐年上升,与机械化生产模式的广泛应用密不可分:先进的农机化技术对粮食增产的贡献率可达到20%(宗锦耀,2008);农业机械化水平的提高,有利于提升农户"加总"粮食生产技术效率(彭超和张琛,2020);有效地替代农业劳动力并促进粮食增产(王欧等,2016);机械化水平每提高1%,农户主粮单产就提高1.219%(彭继权等,2021);2004—2012年是粮食产量实现"九连增"时期,农业机械化对农业现代化的贡献度高达8.73%(周振等,2016)。

作为衡量农业现代化水平的重要标准之一,农业机械化是发展现代农业、实现农业现代化的重要体现。作为关键的生产工具和重要的农业技术载体,农业机械的广泛使用体现了传统农业向现代农业的转变。

4.1.2 作业水平体现技术性

农业机械化从工业技术的应用,到如今信息化、数字化、智能化的深度融合,都体现出技术性特点。从统计数字来看,目前我国农机存量和使用量位居世界前列。随着农机装备技术的不断提高和农机工业的快速发展,我国农业机械作业水平得到了快速、较为全面的发展。

从主要农作物耕种收综合机械化程度来看,农业机械化作业水平近几十年来有较大提高,代表了农业机械技术的进步。2004年以来,除2017—2018年略微下降外,我国农作物耕种收综合机械化水平持续稳定上升(图4-1),2020年已超过70%,较2004年翻了一番;三大粮食作物耕种收综合机械化水平则已突破80%。

主要农作物的机耕、机播、机收面积整体上亦呈不断上升的趋势(表4-1)。1978年我国机耕面积为40 670千公顷,仅占耕地总面积的41%,机播面积为13 330.4千公顷,机收面积为3 125.4千公顷;1995年机耕面积达到53 489.20千公顷,占耕地总面积的56%,机播面积为30 029.42千公顷,机收面积为16 708.42千公顷;2005年机耕面积65 217.29千公顷,机播和机收面积分别达到47 049.5千公顷、34 141.16千公顷;2018年机耕、机播和机收面积分别为123 611.07千公顷、94 440.58千公顷和100 260.53千公顷。主要农作物耕种收水平不断提高,尤其是近十几年来提高幅度较大,2018年相较于2005年的机耕、机播和机收水平分别提高了1.9倍、2倍和3倍,取得了长足的进步(图6-2)。

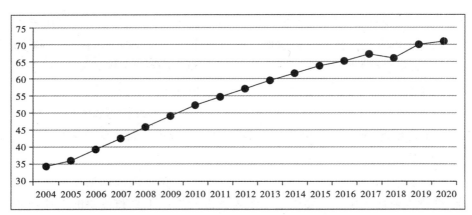

图4-1　2004—2020年全国农作物耕种收综合机械化水平

数据来源:2004—2018年《中国农业机械化年鉴》,2019—2020年来自农业农村部网站公布的官方数据。

表4-1　1978—2018年我国主要农作物机耕、机播和机收面积

年份	主要农作物机耕面积（千公顷）	主要农作物机播面积（千公顷）	主要农作物机收面积（千公顷）
1978	40 669.80	13 330.40	3 125.40
1979	42 219.40	15 485.53	3 839.93
1980	42 090.47	15 551.83	4 354.33
1981	38 051.40	14 082.47	3 991.73
1982	37 212.47	13 532.27	4 588.47
1983	36 351.38	12 624.97	4 574.24
1984	38 301.83	13 036.98	4 574.18
1985	37 698.10	13 350.97	5 092.02
1986	39 312.93	13 157.98	4 918.52
1987	41 840.61	15 652.87	6 513.23
1988	44 695.80	16 862.96	7 784.31
1989	46 043.47	18 998.97	8 723.78
1990	48 325.25	21 587.89	11 010.70
1991	50 169.85	24 629.59	11 639.33
1992	51 438.00	26 354.00	13 527.00

年份	主要农作物机耕面积（千公顷）	主要农作物机播面积（千公顷）	主要农作物机收面积（千公顷）
1993	52 154.70	26 969.98	14 464.90
1994	52 510.30	28 125.85	15 528.32
1995	53 489.20	30 029.42	16 708.42
1996	55 184.48	32 588.10	18 345.20
1997	57 910.45	34 791.78	21 348.56
1998	60 052.94	38 358.43	23 425.41
1999	61 924.16	39 934.32	25 420.73
2000	62 087.82	39 902.30	26 446.02
2001	61 652.76	40 582.86	26 536.63
2002	61 292.99	41 206.72	27 153.11
2003	60 943.64	40 714.41	27 360.94
2004	63 593.13	44 282.04	30 450.34
2005	65 217.29	47 049.50	34 141.16
2006	67 596.35	50 238.83	38 529.82
2007	71 715.35	52 781.31	42 223.61
2008	91 152.60	58 974.26	47 484.04
2009	95 719.27	65 093.08	53 408.65
2010	100 603.91	69 160.92	59 846.69
2011	106 880.87	72 916.97	66 006.41
2012	110 284.83	76 794.16	71 168.88
2013	113 758.00	80 310.00	77 416.00
2014	117 418.00	83 956.00	83 270.00
2015	119 876.36	86 651.20	87 644.38
2016	121 017.65	87 917.83	91 722.35
2017	122 703.96	90 045.70	94 900.46
2018	123 611.07	94 440.58	100 260.53

数据来源：1978—2004 年数据来源于《国内外农业机械化统计资料（1949—2004）》，2005—2018 年数据来源于历年《中国农业机械工业年鉴》。

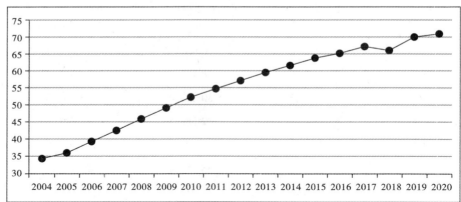

图 4-1　2004—2020 年全国农作物耕种收综合机械化水平

数据来源:2004—2018 年《中国农业机械化年鉴》,2019—2020 年来自农业农村部网站公布的官方数据。

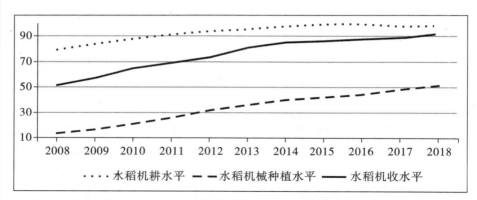

　····· 水稻机耕水平　　— — — 水稻机械种植水平　　——— 水稻机收水平

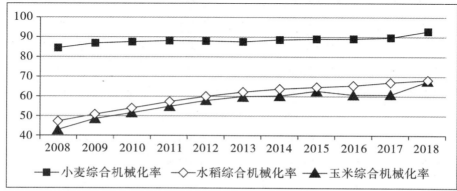

—■— 小麦综合机械化率　—◇— 水稻综合机械化率　—▲— 玉米综合机械化率

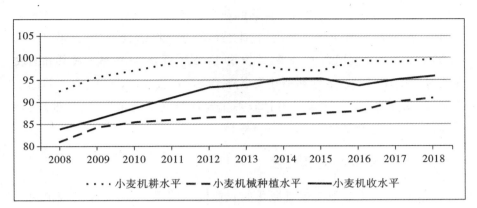

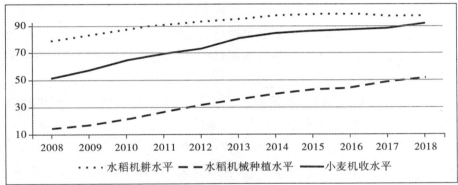

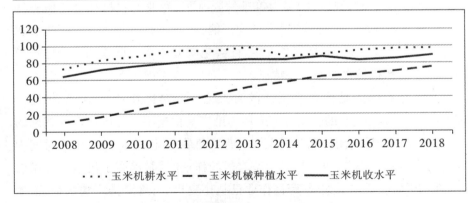

图4-2 2008—2018年三大主粮作物机械化水平

数据来源:历年《中国农业机械化年鉴》。

　　农业机械化生产薄弱环节的突破技术难度较大。整体上,我国不同作物生产的机械化程度目前仍然差距较明显,经济作物、果蔬、畜牧业、养殖业等在生产环节的机械化水平远远低于粮食作物,仍有较大的提升空间。

2015年年末,我国棉花、花生、油菜的机收率分别为18.83%、30.15%和29.4%,到了2019年年末,棉花、花生、油菜的机收率分别达到50.13%、46.05%、44%,分别提高了31.3、15.9和14.6个百分点(中华人民共和国农业农村部,2019年)。农业机械化发展除了要向畜牧业、水产业、农产品加工等领域广泛扩展之外,还需从耕种收等主要环节逐渐向植保、秸秆处理、烘干等环节深度延伸,以此来看仍任务艰巨。

4.1.3 经营制度凸显适应性

不同于世界上其他实现机械化的农业发达国家,我国农业机械化的发展走出了一条适合国情、农情的道路。从多年的实践经验来看,农民既是农机化的受益者和经营者,也是农业机械化的发展主体(宗锦耀,2008)。一般而言,农业生产经营者可选择自行购买农机,或选择购买农机社会化服务来开展机械化作业。

在农户购买能力有限、耕地分散、劳动力成本上升的情况下,农机社会化服务的出现是农业机械化发展对现实条件的主动适应(Yamauchi,2016)。在我国城镇化进程快速推进和劳动力转移的背景下,劳动力弱质化、结构性短缺等问题,使农业生产承受了较大的压力(潘经韬,2019;伍骏骞等,2017)。在土地经营规模、购买力等条件限制下,专业的农机社会化服务使得"农户个体"对接"大规模作业"成为可能,经营主体选择通过购买机械化服务来进行粮食生产,农机服务市场、社会化服务体系的形成和健全体现了我国粮食生产机械化的适应性特点。

跨区作业服务是体现适应性的方式之一。跨区作业最早于20世纪90年代初在小麦生产的收获环节应用与推广。根据不同地区小麦成熟期的时间差,我国开始由南向北开展大规模跨区机收作业,不但满足了短时间内作物集中收获的需求,也延长了大型农机的作业时间、提高了机械的使用效率,降低了机收成本。如今,跨区作业已从小麦机收,逐渐推广到水稻、玉米等作物,农机共享的理念逐渐扩展到除收获以外的其他生产环节,形成了独具中国特色的社会化服务体系。

我国农机社会化服务组织总量稳定、持续增长,其规模化、专业化程度不断提高,服务领域不断扩大。2004年以来,国家农机购置补贴政策的实施,有效刺激并带动了农机市场需求,农机专业户、农机专业合作社、农机作业公司发挥了生产服务的主力作用。到2018年,全国农机服务组织数量达到 19.15 万个（包括 7.89 万个农机合作社），农机作业服务专业户 423.2 万个，农机作业服务收入达到 3540 亿元，较 2003 年增长了 80%（农业农村部，2021）。

4.2　农业机械化发展驱动因素

农业生产是多种资源投入的结果，通过技术手段可以实现对资源的整合。农业机械化作为农业生产中技术手段投入与整合的重要方式之一，是提升劳动生产率和生产能力的关键。根据前面章节的讨论，除了生产要素投入和效率研究之外，结合农业机械化发展的外部环境，厘清农业机械化发展的主要驱动因素，有助于更加全面地认识农业机械化发展的现实，发挥其在农业内、农业外的重要作用。

农业生产是自然再生产与经济再生产相互交织的过程（钟甫宁，2011），农业机械化作为农业现代化的重要组成部分，以先进生产工具的采用为内涵，以规模化的经营形式为外延，以提升农业综合生产能力和经济效益为最终目的，具有技术性、经济性、社会性等多重属性，其发展受到自然、经济、技术、政策等因素的影响。自然因素是发展的条件，资源禀赋和地形条件为农业机械化发展带来机遇和限制；技术因素是发展的基础，为农业机械技术装备的更新升级提供物质形态的支持；经济因素是发展的动力，通过市场供需的变化推动农业机械化进程并实现动态调节；政策因素是发展的环境，以农机购置补贴为代表的农业支持政策对我国农机化的发展产生了积极的助推作用。接下来将具体分析自然、技术、经济、政策四个因素对农业机械化发展的影响，以期对农业机械化发展的条件和环境形成较为全面的认识，为后续探究农业机械化促进工农协调的机理和效果进行铺垫。

4.2.1　自然因素

从资源禀赋来看，我国呈典型人多地少的特征。地区间自然条件的差别，使不同区域机械化的实现程度受到影响（吴振华，2011）。因此，在农业机械化的推进过程中，首先需要充分考虑到以地形特征为主的自然禀赋条件。

事实上,自然条件应包括地理位置、地形地貌、耕地规模、土壤结构等因素,但由于地形地貌因素对农业机械作业的开展最为重要,仅以此为例展开讨论。我国幅员辽阔、地形复杂多样,平原、高原、山地、丘陵、盆地五种地形皆有,地势整体上西高东低、呈三级阶梯状分布。农业用地主要涉及平原、山区和丘陵。其中,平原相对更适宜农作物的种植,也有利于开展大规模的机械化耕种,机械对于劳动的替代难度较低,因而相比于其他地区进行机械化作业更容易;丘陵地区坡度低缓、起伏不大,复杂的地形使得农机作业环境不佳,作物的多样性以及农机技术研发的落后也导致适宜的机具匮乏,农业机械化作业条件明显受限(王罗方,2015);对于山区来讲,仅是水热条件比较好的山区适宜发展农业和林业,地形起伏大、地形极为复杂,机械对劳动力的替代难度较大,开展机械作业难度大、成本高。

我国整体地形复杂、平原面积有限,南方多山地和丘陵,大多数学者认为我国区域间农业机械化发展不平衡客观存在:比如,耕地坡度是造成区域间机械化发展不平衡,以及粮食生产区域异质性的重要原因(郑旭媛和应瑞瑶,2017);在产业结构和农机动力相当的情况下,农机化发展水平的区域差异主要体现在农机作业水平和农业效益水平两个方面(段亚莉等,2011);此外,地形因素还能通过种植结构、收入结构等产生影响,对区域发展差异的解释程度可达35%~50%(周晶等,2013);从作物视角来看,不同地形条件下对比研究显示,平原地区经济效益高于山地及丘陵地区(吴振华,2011);我国东西部、北方麦区和南方稻区、丘陵山区和平原地区在生产水平上存在差距(李卫,2015);考察机械化程度还要看经营规模与地貌是否匹配,否则也难以通过提高农业机械投入增加土地产出率(蔡键、唐忠,2016)。

由于地形等自然条件的限制,在平原粮食主产区应用效果较好的大型农机具作业模式可能并不适宜大规模推广,而需要因地制宜、因作物和农业生产实践而异,加强适用于复杂地形、经济作物等和农业生产各环节的小型农机、专用农机的研发、推广和应用,以消除区域间农业机械化发展水平的不平衡,有效推进适应我国各地实际情况的农业机械化。

4.2.2 技术因素

4.2.2.1 技术诱导农机化发展

初始的要素禀赋条件作为增长的逻辑出发点,决定着一个国家或地区发展的条件。但随着技术的进步和社会结构的变化,初始要素禀赋对农业增长的影响程度可能会发生变化。

技术进步和农业增长路径相关的经典理论,主要是经济学中关于农业技术创新的理论研究,即为速水佑次郎和弗农·拉坦在希克斯和宾斯旺格研究的基础上提出的诱致性技术变迁理论,对农业增长方式建立了诱导性技术创新模型(Hayami & Ruttan,1971),在本书第三章中已经具体说明。该理论指出,各国应根据实际,寻求适合发展条件的技术变革模式和农业增长道路。美国、加拿大等地广人稀、工业发达、劳动力相对稀缺且成本高昂的国家,选择了节约劳动的机械技术进步(亦简称 M 型技术进步);而日本等土地稀缺程度高、人地关系紧张的亚洲国家则选择发展生物化学技术(简称 B-C 型技术进步)的农业增长方式。

对于我国实际来说,更多学者认为,机械技术的作用值得肯定,而随时间的变化任何技术进步都是动态调整的(张俊和钟春平,2014),以往中国农业生产存在“小农化”“过密化”的内卷型发展特点(黄宗智等,2007;焦长权、董磊明,2018),在要素禀赋和社会结构产生的诸多变化影响下,农业生产的发展路径也可能会随之发生转变。

20 世纪 90 年代以来,随着我国工业化、城镇化进程的快速推进,农村劳动力的供给数量急剧下降,成本迅速上升。诱致性技术进步作为长期动态的调整过程,在我国劳动力价格上升和非农就业的背景下,诱导出减少劳动力投入、增加机械化投入的增长路径,据此,适当发展劳动节约型的机械技术更为重要(吴丽丽等,2020;周晓时等,2015)。在劳动力和粮食成本上升的压力下,当前我国稻谷、小麦和玉米生产的技术进步以采用机械替代劳动为主(李天祥,2017);市场需求和要素稀缺因素对劳动力节约技术的发展同时产生了影响(张在一等,2018)。另一方面,传统意义上依靠施加大量的化肥、农药等生物化学进步的增长方式,也带来了环境压力、食品安全等一系列问题。工业化、城镇化快速推进带来的土地、劳动力等要素流出、切实保障粮食安全和有效供给、有效促进农民增收和生态保护的农业发展目标和农业生产方式、增长方式的转变对技术变迁提出了更高的要求,并设定了更复杂的条件。只有充分考虑这些多维度、差异化的现实条件,因地制宜、因行施策地选择农业技术变革途径和增长方式,才能使要素资源投入产生高效的回报。

4.2.2.2　工业化促进农机化发展

我国在短短几十年时间成为世界第一制造大国、第一农机制造大国,用几十年时间走完了发达国家几百年走过的工业化历程。农机产业是"包容性增长环"里最直接联动工业和农业的产业(周阳敏、宋利真,2012),只有在工业化发展到一定水平时,才有能力去对传统机械进行改造升级,让农业机械工业体系真正具有意义(焦长权、董磊明,2018)。

农业机械工业目前已逐渐形成了门类相对齐全、具有一定规模和制造水平的产业链,出现了具有规模和制造能力的大中型企业,形成了诸如河南、山东、江苏、湖北等具有区域特征的农业机械制造产业集群;在产品结构和生产技术上取得进步,从平原地区大型拖拉机和收割机的生产,到丘陵山区微耕机、耕整机等产品的生产,产品门类和结构不断完善增加;在生产工艺方面,生产过程中冲压、焊接和装配等关键工艺提升对保证产品的质量和性能起到了关键性作用(赵慧君,2018)。

工业化发展带动了农业机械工业水平的逐步提高,提升了农业机械化水平。一方面,主要农作物耕种收机械化综合水平持续提高,为农业机械制造业提出了更高要求:2000年,我国农作物耕种收综合机械化水平仅为32%,到2010年提升到50%以上,到2013年已近60%,到2019年达到了68%以上,但仍有提升空间;另一方面,农机社会化服务作为具有中国特色的农机化发展方式,有效缓解了需求时间短且集中的农机作业需求压力,农户对于农机作业服务的市场需求,甚至已超过了农机产业的生产规模(崔敏、侯方安,2019)。随着现代农业对高性能、高端农机具的需求不断上升(陈志等,2018),面对生产结构性矛盾突出的问题,我国农机行业在突破高端产品生产的技术瓶颈同时兼顾产品研发和市场供给,面对着较大压力。

4.2.2.3　信息化提升农机化发展

21世纪以来,信息技术与农机的融合应用成为世界各国农机制造业发展的重要竞争力来源。20世纪末农业发达国家将信息化技术融入农机化生产领域中,掌握农机制造产业一些核心技术和生产能力,逐渐向智能化、数字化共享发展。与这些国家相比,我国农业机械化和农业信息化均起步较晚,加上地区之间农机作业基础条件和信息化程度如网络覆盖条件不同,农业数字化装备的研发能力尚未完全激发。

信息化在社会各部门发展中所发挥的重要作用已得到普遍认同。"四化同步"将信息化放在了战略性的高度,明确"推动信息化和工业化深度融合",促进同步和协调发展的目标任务;2018年国务院提出了《关于加快推进农业机械化和农机装备产业转型升级的指导意见》,亦提出要引导智能农机和智慧农业的发展,继续加强物联网、大数据、互联网、智能控制、卫星定位等信息技术在农机装备和作业上的应用。

信息化战略的驱动下,农业机械化的发展主要包括信息传递技术和农机的智能化发展。信息化背景下的农业机械化主要是依托互联网、云计算、卫星定位等技术与农机生产或农业作业相结合,从信息的产生、收集、存储、传递等环节与农业生产和农机作业相结合,解决农机作业中产生的各种问题;比如,由作业机械、无线通信网络和终端构成的分布式农机信息系统,能够根据卫星信号进行导航定位、对农机实时作业信息进行实时追踪和监测(郝雅静,2020);北斗农机终端能够通过遗传算法和WiFi聚类算法形成调度方案,对农机的行进路线进行准确快速的规划(王涛等,2020);集成北斗定位技术、无线通信技术、远程监控技术等的农机信息化管理平台,能够实时通过影像和照片获取农机的数量和作业状态(邱云桥等,2020)。

运用现代信息技术辅助引导和改造传统农业的智慧农业,也是农机技术的重要突破点。智慧农业集成了物联网、无线通信等技术,可实现农业生产操作可视化远程诊断、远程控制、灾变预警等智能管理,能够安全、高效、自主地完成农业作业,亦可感知生长信息、通过数据挖掘和学习做出或接收决策指令等(刘成良等,2020)。

信息化战略驱动下农业机械化发展虽有较好前景,但就目前而言,我国信息化农业机械设备数量不足,发展处于初期阶段。事实上,农机自动化尚未普及,智能化也仅有少量的应用(张艳丽,2018);收获机械在精度、可靠性、算法模型等方面与先进水平差距大(刘成良等,2020)。与现代信息技术深度融合的信息化农业是未来农业机械化发展的必然方向,在计算机、5G、先进传感器、人工智能等技术的协助下,人工操作的传统农业机械将由基于单台农机具的"自动化"向基于网络的"智能化"演变。

4.2.3 经济因素

我国经济经历了数十年持续高速增长之后,从2015年开始处于稳定增速范围,在经济发展态势良好的环境下,我国农业机械工业从零基础起步,2005年之后取得的发展成就超过之前50年总和(陈志等,2018;焦长权、董磊明,2018)。

理论上,经济增长丈量了一定时间跨度上,一个国家人均产出(或人均收入)水平持续增加的情况,但增长的作用在宏观层面、行业层面和微观层面通过不同的形式得以实现。从微观视角即个体农户对农机需求视角来看,经济增长对农民收入、农机购买决策产生影响;从行业视角来看,正是在经济增长制造业快速发展的大背景下,我国农机产业实现了快速发展;从宏观层面来看,经济增长驱动下我国农机产业的发展,为推动农业机械化、农业现代化的发展提供了强大的物质基础,是农机化发展的重要动力来源。

4.2.3.1 需求变化

第一,收入增加驱动农机需求。改革开放以来,随着我国国民经济不断发展,农民收入持续增加、购买力增强,直接促进了农机装备水平的提升。随着我国经济持续增长,第一产业生产总值从1990年的5 017.22亿元增加到2018年的64 745.16亿元,显示出我国农业领域取得了巨大的成就,收入水平显著提高,农民人均收入从1990年的686.31元增加到2018年的14 617元,对农民使用机械化作业或购买农机产生积极促进作用。农机需求随着农民收入不断增加,在规模不断扩大的同时亦愈发呈现开放、多样化的格局。

收入增长是农民继续投入生产资料的前提条件和经济预期。从微观实证角度,农民收入与农机购买行为有显著和高度的相关性,家庭收入越高,购买农机的意愿越强(杨敏丽、白人朴,2004;林万龙和孙翠清,2007);一些具体的研究也表明,家庭总收入、非农就业收入、人均纯收入等对农机需求有显著的正向影响(刘玉梅等,2009;张标等,2017)。以上研究肯定了农民增收对农机化水平提高的促进作用,对研究农机需求与农民收入关系的变化趋势提供了有益参考。

表4-2　历年我国生产总值、农民收入和农机行业产销情况

年份	国内生产总值（亿元）	第一产业生产总值（亿元）	农村居民人均收入（元）	农机工业总产值（亿元）	进口农机销售额（亿元）
1990	18 872.87	5 017.22	686.31	275.7	6.2
1991	22 005.63	5 288.85	708.55	342.9	7.7
1992	27 194.53	5 800.28	783.99	438.7	10.2
1993	35 673.23	6 887.60	921.62	472.9	12.6

年份	国内生产总值（亿元）	第一产业生产总值（亿元）	农村居民人均收入（元）	农机工业总产值（亿元）	进口农机销售额（亿元）
1994	48 637.45	9 471.79	1 220.98	544.6	14.2
1995	61 339.89	12 020.48	1 577.74	703.7	11.0
1996	71 813.63	13 878.33	1 926.07	838.9	4.2
1997	79 715.04	14 265.23	2 090.13	821.6	13.3
1998	85 195.51	14 618.73	2 161.98	767.6	9.9
1999	90 564.38	14 548.98	2 210.34	787.5	12.3
2000	100 280.14	14 717.36	2 253.42	705.3	18.7
2001	110 863.12	15 502.50	2 366.40	622.6	24.6
2002	121 717.42	16 190.23	2 475.63	1191.0	31.4
2003	137 422.03	16 970.25	2 622.24	753.4	42.2
2004	161 840.16	20 904.32	2 936.40	895.8	64.4
2005	187 318.9	21 806.72	3 254.93	955.0	65.3
2006	219 438.47	23 317.01	3 587.04	1 319.8	74.2
2007	270 092.32	27 674.11	4 140.36	1 495.2	96.2
2008	319 244.61	32 464.14	4 760.62	1 906.5	125.5
2009	348 517.74	33 583.82	5 153.17	2 283.2	118.6
2010	412 119.26	38 430.85	5 919.01	2 610.4	148.7
2011	487 940.18	44 781.46	6 977.29	2 898.0	175.4
2012	538 579.95	49 084.64	7 916.58	3 382.4	146.7
2013	592 963.23	53 028.07	8 895.90	3 779.0	145.5
2014	643 563.10	55 626.32	10 488.90	3 952.3	158.2
2015	688 858.22	57 774.64	11 421.70	4 283.7	130.5
2016	746 395.06	60 139.20	12 363.40	4 516.4	121.0
2017	832 035.95	62 099.54	13 432.40	4 291.4	133.8
2018	919 281.13	64 745.16	14 617.00	2 601.3	137.5

备注：国内生产总值、第一产业生产总值、农村人均收入的数据来源于历年《中国统计年鉴》，由于统计口径的变化，2013年前为人均纯收入，之后为人均可支配收入；农机工业总产值和进口农机销售额来源于历年《中国农业机械工业年鉴》，由于统计口径的变化，2013—2019年农机工业总产值调整为主营业务收入。

第二,劳动力转移亦导致农机需求上升。农业劳动力的非农转移是我国工业化、城镇化进程中出现的重要现象,工业发展对劳动力的需求量不断增加,较高的工资水平吸引农业剩余劳动力转移流出,也对我国农业机械化的发展产生了直接和间接的影响。从表4-3可以看出,随着我国国内生产总值从1978年的3 678.7亿元持续增加至2019年逼近百万亿元大关,第一产业从业人员数量从2.86亿下降到1.94亿,下降了32%,其占比亦从69.8%下降到25.1%。改革开放40余年来,大量农业劳动力或进城务工或"离土不离乡",为我国改革开放提供了强有力的人力资源支撑,形成了规模以亿计的"农民工"群体。

表4-3　历年我国国内生产总值、第一产业从业人数及比例

年份	国内生产总值 (亿元)	第一产业从业人数 (万人)	第一产业从业人数 占比(%)
1978	3 678.70	28 318	70.5
1979	4 100.45	28 634	69.8
1980	4 587.58	29 122	68.7
1981	4 935.83	29 777	68.1
1982	5 373.35	30 859	68.1
1983	6 020.92	31 151	67.1
1984	7 278.50	30 868	64.0
1985	9 098.95	31 130	62.4
1986	10 376.15	31 254	60.9
1987	12 174.59	31 663	60.0
1988	15 180.39	32 249	59.3
1989	17 179.74	33 225	60.1
1990	18 872.87	38 914	60.1
1991	22 005.63	39 098	59.7
1992	27 194.53	38 699	58.5
1993	35 673.23	37 680	56.4
1994	48 637.45	36 628	54.3
1995	61 339.89	35 530	52.2

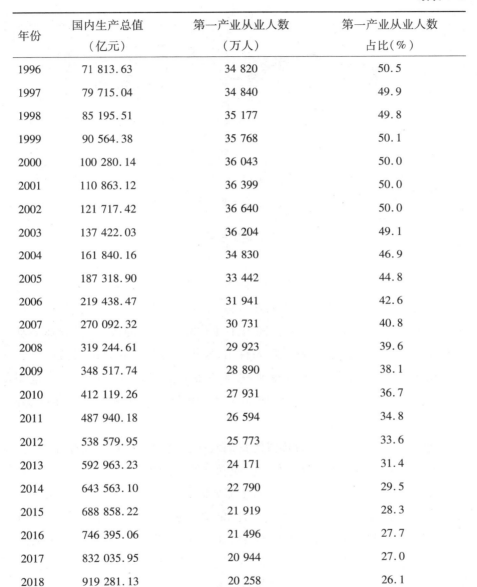

年份	国内生产总值 （亿元）	第一产业从业人数 （万人）	第一产业从业人数 占比（%）
1996	71 813.63	34 820	50.5
1997	79 715.04	34 840	49.9
1998	85 195.51	35 177	49.8
1999	90 564.38	35 768	50.1
2000	100 280.14	36 043	50.0
2001	110 863.12	36 399	50.0
2002	121 717.42	36 640	50.0
2003	137 422.03	36 204	49.1
2004	161 840.16	34 830	46.9
2005	187 318.90	33 442	44.8
2006	219 438.47	31 941	42.6
2007	270 092.32	30 731	40.8
2008	319 244.61	29 923	39.6
2009	348 517.74	28 890	38.1
2010	412 119.26	27 931	36.7
2011	487 940.18	26 594	34.8
2012	538 579.95	25 773	33.6
2013	592 963.23	24 171	31.4
2014	643 563.10	22 790	29.5
2015	688 858.22	21 919	28.3
2016	746 395.06	21 496	27.7
2017	832 035.95	20 944	27.0
2018	919 281.13	20 258	26.1
2019	990 865.11	19 445	25.1

数据来源：《中国统计年鉴 2020》。

　　根据国家统计局自 2008 年起每年发布的《农民工监测调查报告》，2010 年以来我国农民工数量增速逐渐放缓（图 4-3），多数年份农民工总量都维持在 2.5 亿以上。

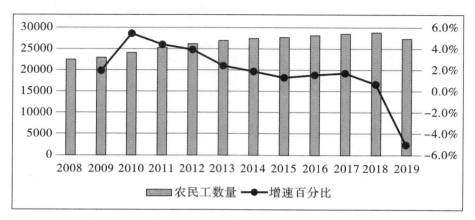

图4-3 历年我国农民工总量变化趋势(万人)

从我国农业劳动力的数量来看,随着非农就业比较收益不断上升,农民务农的机会成本不断增加,推进农业机械化、大规模使用农业机械装备就成为提高劳动生产率必然选择。伴随着工业化和城镇化的推进,在农业劳动力转移、季节性劳动力数量缺乏等条件下,发展农业机械化是应对劳动力资源变化的重要途径,亦即,对于农业机械装备的使用和数量可产生大量需求。农户家庭非农就业人数每增加 1 人,用于购买农机的支出即上升2.01%(孙永乐、刘宇浩,2020)。

同时,非农务工和劳动力转移使我国农业劳动力在结构上发生了改变。非农就业的主体是青壮年劳动力,老、弱、妇、幼已成为目前农村居住人口和农业劳动力的主体特征。如此一来,更需要高效、现代化机械装备来保证生产效率,对农机服务的需求亦上升。比如,老龄劳动力因体能限制,会尽可能增加农业机械使用,从而促进生产中机械要素的投入(张淑雯等,2018;高升、邓峰,2019);然而,不同作物之间有一定差别,老龄化的劳动力结构会降低水稻生产效率(刘婷,2019)、降低棉花种植的生产效率,但对小麦生产却几乎没有影响(胡雪枝、钟甫宁,2013)。

如前文所述,农业劳动力非农转移是在我国工业化、城镇化不断推进的大背景下发生的。城镇化和农业机械化发展之间有显著正向关系(冯启高、毛罕平,2010;邓鑫等,2017;高延雷等,2020);工业化的发展能够提高农业机械装备的供给水平,对农业生产率的进一步提高、劳动力的进一步转移具

农业机械化赋能工农协调发展

有促进作用(徐建国、张勋,2016);在短期内,城镇化和农业机械化呈现竞争关系,如果资源过多地从农业农村流向工业和城镇,会造成农业机械化投资不足(方师乐等,2018)。

农业机械本质是为减轻农业生产劳动强度,减少生产对劳动力投入要求。发展农业机械化也是突破制约、应对人口转移、劳动力变化等问题的重要途径。由此,农业机械化应从工农业发展的背景视角展开研究,不能将其看作一个简单的技术问题。

第三,社会化服务扩大农机需求。农机社会化服务一般是指农机社会服务组织、农机经营户等主体为生产者提供的机械化耕种收、排灌、植保等特定生产环节的作业服务。农机社会化服务的出现是专业化分工不断深入的结果,也是我国农业机械化实现形式之一。未购买农业机械的农户亦能通过使用农机社会化服务进行机械化生产,对提高耕种效率、降低单位作业的成本发挥着关键作用,亦对农业机械装备和技术需求产生一定刺激作用。

前文已经分析了我国农业劳动力人口发生的主要变化,即便农户家庭中已拥有农业机械装备,亦可能因身体条件限制、知识技能不足等原因无法有效操作、投入生产。除此之外,许多研究亦表明在土地细碎化、土地流转、小规模经营等客观因素的制约下,相比于自购农机,一些农户更愿意选择农机社会化服务(侯方安,2008;孔祥智等,2015;杨进,2015;纪月清等,2016)。对于农机社会化服务提供者而言,作业时雇佣技术好、能力强的操作员,能够提高农机的利用率和使用效果,增加经营收益;对于农户而言,农机社会化服务提供者分摊机械购置成本,从而降低单位作业的成本,即便是分散、小规模的农户也能通过机械化耕种提高生产效率,从而间接促进了农民增收(蔡键、唐忠,2016)。

从表4-4中关于农业机械化组织数量和规模的相关统计数据可发现,农机合作服务组织的机构数量和年末总人数在近10年内呈明显上升趋势。其中,农业机械户和农业专业合作社作为农业机械化作业服务组织的细分指标,也体现出不同程度的增长趋势。2008年,我国农业机械化作业服务组织为16.56万个,人数仅76.2万人,到2018年农机作业服务组织增长至19.15万个,人数达214万人,农机作业服务组织机构总量增加了2万个,人数上增加了141万人,几乎是十年前人数的3倍;其次,农业机械户的数量也保持平稳上升,2008年农业机械户数量为3 833万个,人数为4 576万人,到2018年农业机械户数量增长至4 080万个,人数约5 133万人,全国范围内机构数量增加了247万个,人数增加了557万人;值得注意的是,农机专业合作社的数量和规模增长最为迅猛,2008年全国范围内农机专业合作社数量仅8 622个,至2018年已增长至7.2万个,增长了7.4倍;2008年全国农机专业合作社总人数仅10.7万人,至2018年已增长至152.7万人,是2008年水平的14.3倍。我国农机社会化服务未来仍具发展潜力。劳动力成本快速上升的条件下,未实际发生大型农机购买行为的小农户,仍对农机作业有需求,但农业劳动力投入与小型机械投资是总体互补而非替代关系(Ji et al.,2012);从微观视角来看,农机作业服务作为农户的理性选择,虽然失去了部分生产收益,农户仍是受益者,无需固定投资即可以较低的价格享受专业化、高效的农机服务(金铃等,2020);从宏观层面看,农机社会化服务使小农户、小规模经营得以形成与农业机械化的对接,有效推动我国农业机械化的发展。通过购买服务而非机械本身来替代劳动,有效缓解了农业劳动力转移对农业生产的压力和冲击、保障了粮食安全,为我国因地制宜推进农业机械化提供了一条重要的发展思路。

表4-4　历年我国农机服务组织及人员变化

年份	农业机械化作业服务组织		农业机械户		农机专业合作社	
	年末机构数（个）	年末人数（人）	年末机构数（个）	年末人数（人）	年末机构数（个）	年末人数（人）
2008	165 636	726 035	38 330 442	45 760 183	8 622	106 524
2009	175 329	869 343	39 403 370	47 181 189	14 902	255 307
2010	171 465	1 019 040	40 589 009	49 280 988	21 760	433 013
2011	170 572	1 194 947	41 110 833	50 883 923	27 848	582 182
2012	167 038	1 449 088	41 923 428	52 089 183	34 429	817 774
2013	168 574	1 707 905	42 386 670	52 531 135	42 244	1 097 240
2014	175 124	1 894 761	42 910 686	53 321 633	49 435	1 292 166
2015	182 453	1 992 980	43 369 276	53 722 156	54 000	1 367 226
2016	187 301	2 080 737	42 297 510	52 892 865	63 184	1 449 388
2017	187 358	2 135 990	41 845 496	52 677 718	68 007	1 524 006
2018	191 526	2 139 837	40 803 574	51 327 520	72 640	1 527 066

数据来源:《中国农业机械工业年鉴(2009—2019)》。

备注:因2008年之前数据统计口径不同,仅列出2008—2018年数据。

4.2.3.2　供给变化

我国农机工业从零起步,先后经历了计划经济时期、体制转换时期、市场导向时期几个不同阶段,历经了从无到有、由慢到快的发展历程,为我国农业机械化发展提供了物质基础。

我国农机行业规模在世界范围内较为领先,产品门类较为齐全,但在核心技术、制造水平、盈利模式方面具世界领先水平仍有差距。2004—2014 年是我国农机工业发展最为快速的时期,主营业务收入和利润总额快速上升,农机企业数量和职工人数堪称"世界之最"(罗锡文,2019);表 4-5 显示出近 30 年来我国农机工业发展的整体情况。农机工业总产值随着经济增长在大部分年份中保持了同步增长趋势,先后经历了低位增长、高速增长、增长回落的几个主要阶段。具体来看,在 1990—2003 年间,农机工业总产值从 275.7 亿元增长至 753.4 亿元,1996—2001 间年缓慢下降,2002 年又曾增加至 1 191 亿元;2004—2017 年间呈高速增长趋势,农机工业总产值从 895.8 亿元增加至 4 291.4 亿元,年均增长率达 12.8%;2018 年大幅度回落至 2 601.3 亿元,较上一年减少 39.4%,2019 年继续小幅度下降至 2 464.7 亿元。

表 4-5　历年我国国内生产总值、工业总产值和农机工业总产值

年份	国内生产总值(亿元)	工业总产值(亿元)	农机工业总产值(亿元)
1990	18 872.87	6 904.7	275.7
1991	22 005.63	8 138.2	342.9
1992	27 194.53	10 340.5	438.7
1993	35 673.23	14 248.8	472.9
1994	48 637.45	19 546.9	544.6
1995	61 339.89	25 023.9	703.7
1996	71 813.63	29 529.8	838.9
1997	79 715.04	33 023.5	821.6
1998	85 195.51	34134.9	767.6
1999	90 564.38	36 015.4	787.5
2000	100 280.14	40 259.7	705.3
2001	110 863.12	43 855.6	622.6

农业机械化赋能工农协调发展

年份	国内生产总值(亿元)	工业总产值(亿元)	农机工业总产值(亿元)
2002	121 717.42	47 776.3	1 191.0
2003	137 422.03	55 363.8	753.4
2004	161 840.16	65 776.8	895.8
2005	187 318.90	77 960.5	955.0
2006	219 438.47	92 238.4	1 273.0
2007	270 092.32	111 693.9	1 495.2
2008	319 244.61	131 727.6	1 906.5
2009	348 517.74	138 095.5	2 283.2
2010	412 119.26	165 126.4	2 838.4
2011	487 940.18	195 142.8	2 898.0
2012	538 579.95	208 905.6	3 351.0
2013	592 963.23	222 337.6	3 779.0
2014	643 563.10	233 856.4	4 181.0
2015	688 858.22	236 506.3	4 283.7
2016	746 395.06	247 860.1	4 516.4
2017	832 035.95	275 119.3	4 291.4
2018	919 281.13	305 160.0	2 601.3
2019	990 865.11	317 108.7	2 464.7

数据来源:《中国统计年鉴 2020》;《中国农业机械工业年鉴(1991—2020)》;2013 年之后农机工业总产值统计口径改为主营业务收入。

2014 年开始,农机行业增速开始明显放缓,增速均呈下降的趋势,甚至达到十年以来的最低点;2018 年全国规模以上农机企业主营业务收入相比于上一年减少 1 690.1 亿元,利润总额减少 144.06 亿元,两项指标均减少了近一半(图 4-4),说明 2014 年以来农机工业发展存在一定问题。农机工业作为农业机械化发展的物质基础,若为农业和农机市场提供的有效供给不足,将对农业机械化发展形成潜在制约。

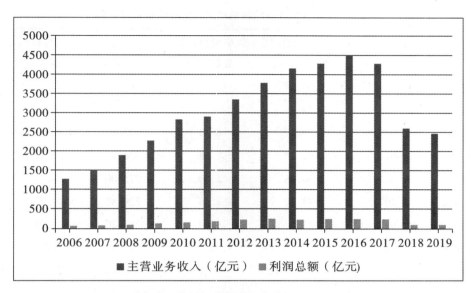

图4-4　历年我国农机工业主营业务收入和利润总额(亿元)

第一,农机保有量与我国农机工业发展整体情况基本一致。表4-6显示了我国历年农机总动力和大中小型拖拉机数量的变化趋势:除2016年因统计口径变化而略有下降以外,我国农机总动力总体呈现出持续高速增长态势,从1979年仅有1.33亿千瓦增长到2019年10.28亿千瓦,与40年前相比增加了6.7倍。从农机数量来看,大中型拖拉机数量增速较为明显是在2000年之后的时段,小型拖拉机是在2000年之前20年的时段。2013年以来,大中型拖拉机数量增速明显放缓、小型拖拉机增速多年为负,与农机工业发展整体情况相一致。具体地,1979—2000年间,小型拖拉机的增幅普遍大于大中型拖拉机增幅,农机化发展主要是以小型化农机为主,大中型拖拉机在1988—1996年间甚至连续出现了负增长;2000年之后,随着城镇化快速发展和农机社会化服务的普及,加上农机购置补贴等政策很大程度向大型农机倾斜(方师乐、黄祖辉,2019),大中型拖拉机增幅远远高于小型拖拉机的增幅,2004—2014年大中型拖拉机数量的年均增长率达到17.64%,农业机械化发展以大型化农机的发展为主。同样,2000年以来,水稻插秧机、玉米联合收获机、稻麦联合收获机保有量亦出现持续不断上升,到2018年末保有量分别达到85.65万台、152.9万台和53.01万台,同样印证了我国农业机械化发展2000年以来的"大型化"趋势。

表4-6　历年我国农业机械总动力和主要农机数量变化

年份	农业机械总动力（万千瓦）	大中型拖拉机数量（万台）	大中型拖拉机增幅（%）	小型拖拉机数量（万台）	小型拖拉机增幅（%）
1979	13 379.2	66.68	–	193.40	–
1980	14 745.7	74.49	11.71	187.40	−3.10
1981	15 679.8	79.20	6.32	203.70	8.70
1982	16 614.2	81.24	2.58	228.70	12.27
1983	18 022.1	84.08	3.50	275.00	20.24
1984	19 497.2	85.39	1.56	329.80	19.93
1985	20 912.5	35.24	−58.73	382.40	15.95
1986	22 950.0	86.65	145.89	452.60	18.36
1987	24 836.0	88.10	1.67	530.00	17.10
1988	26 575.0	87.02	−1.23	595.80	12.42
1989	28 067.0	84.82	−2.53	654.30	9.82
1990	28 707.7	81.35	−4.09	698.10	6.69
1991	29 388.6	78.45	−3.56	730.40	4.63
1992	30 308.4	75.89	−3.26	750.70	2.78
1993	31 816.6	72.12	−4.97	788.30	5.01
1994	33 802.5	69.32	−3.88	823.67	4.49
1995	36 118.1	67.18	−3.09	864.63	4.97
1996	38 546.9	67.08	−0.15	918.92	6.28
1997	42 015.6	68.91	2.73	1 048.48	14.10
1998	45 207.7	72.52	5.24	1 122.06	7.02
1999	48 996.1	78.42	8.14	1 200.25	6.97
2000	52 573.6	82.70	5.46	1 264.37	5.34
2001	55 172.1	109.83	32.81	1 305.08	3.22
2002	57 929.9	91.17	−16.99	1 339.39	2.63
2003	60 386.5	98.06	7.56	1 377.71	2.86
2004	64 027.9	111.86	14.07	1 454.93	5.60
2005	68 397.8	139.60	24.80	1 526.89	4.95

年份	农业机械总动力（万千瓦）	大中型拖拉机数量（万台）	大中型拖拉机增幅（%）	小型拖拉机数量（万台）	小型拖拉机增幅（%）
2006	72 522.1	171.82	23.08	1 567.90	2.69
2007	76 589.6	206.27	20.05	1 619.11	3.27
2008	82 190.4	299.52	45.21	1 722.41	6.38
2009	87 496.1	351.58	17.38	1 750.9	1.65
2010	92 780.5	392.17	11.55	1 785.79	1.99
2011	97 734.7	440.65	12.36	1 811.27	1.43
2012	10 255.9	485.24	10.12	1 797.23	-0.78
2013	103 906.8	527.02	8.61	1 752.28	-2.50
2014	108 056.6	567.95	7.77	1 729.77	-1.28
2015	111 728.1	607.29	6.93	1 703.04	-1.55
2016	97 245.6	645.35	6.27	1 671.61	-1.85
2017	98 783.3	670.08	3.83	1 634.24	-2.24
2018	100 371.7	422.00	-37.02	1 818.26	11.26
2019	102 758.3	443.86	5.18	1 780.42	-2.08

数据来源：历年《中国统计年鉴》，《国内外农业机械化统计资料（1949—2003）》。

　　第二，农机工业为机械化发展提供的装备技术水平，决定了农业机械化发展的方向。随着工业制造水平的提升，我国农机制造体系日渐完备、农业机械产品门类从单一到多样、覆盖面越来越广，类型不断扩展和丰富，目前涵盖种植业、畜牧业、农产品加工业、林业、渔业机械、农业运输机械和可再生能源装备共 7 个门类（高元恩，2005）；此外，《农业机械工业年鉴》中农业机械子行业除上述门类之外，还包括饲料生产专用设备、拖拉机、机械化农业及园艺机具、营林及竹木采伐机械、棉花加工机械、农林牧渔机械配件制造以及其他农林牧渔机械制造等门类。在农机工业发展之初的集体农业生产阶段（即 20 世纪 50～70 年代），从主要生产旧式农机具、仿制国外农机具为主，从引进苏联技术，到开始独立自主生产拖拉机，代表了我国农机工业起步的整体技术水平；20 世纪 80～90 年代，我国农机工业引进了意大利菲亚特生产的中大马力轮式农机技术体系，相比于上一阶段在性能、效率和质

4 农业机械化发展水平及效果考察

量方面有了较大的提升,进入农机技术发展的新阶段;2000—2016 年,在欧美技术体系的影响下,我国的农机工业以电动燃油喷射、高压共轨燃油机、动力换挡等技术为核心,进入智能动力阶段(孙凝晖,2020);2016 年以来,美国凯斯纽荷兰工业集团研制成世界第一台无人驾驶智能农机,代表了农机技术领域的新高度,今后几十年,随着智能化、信息化技术的不断突破,农机技术创新的关键在于通过物联网、云计算、人工智能等信息技术的融合,实现高科技智能农业装备的制造和广泛使用,农机行业亦将以技术为依托,实现跨越式发展。

第三,农机行业对农业产业结构和市场调节具有一定作用。我国农机产业在政府政策调控下发挥了调节市场的作用,影响着农业机械化发展。在不同历史条件和政策作用下,我国农机行业的供需不同阶段呈现不同特点和发展重点。在农机工业发展之初,国家通过计划手段以及低价、补贴等手段保证农机的生产和供给,将农机的工业生产核心要素如钢材、机床设备等列入国家供给计划,国家用于农业建设的资金 60% 以上都投入了农机化发展(江泽林,2015),1960 年农机制造企业数量达到 2 624 个,农机占整个机械工业的比例从 1957 年 3.8% 提高至 11.8%(陈志等,2018),我国农机工业发展初具规模。

20 世纪 80～90 年代,我国农机工业逐渐过渡到市场导向阶段,在这段时期内,企业数量不断增加,产品的门类和品种不断扩大。农民有权对农机进行购置并产生了农机需求,对农业机械化的发展起了决定性作用(江泽林,2015),农机作为农民投资的一部分,亦体现出对经济效益的追求。到了20 世纪 90 年代,农机的需求结构发生了重要的变化,加工和运输类型机械的需求增多。家庭联产承包责任制的实施使我国农业生产经营规模变小,大型农机类型与小规模经营开始格格不入,大量生产的大型农机产品不适应市场需求,逐渐调整为以中小型农机的生产为主。2000 年以来,在农机购置补贴政策的推动下,农机工业各指标迅速增长,我国农机工业进入了黄金发展期。整体来看,国家政策的支持力度、我国农机工业产业规模、产品研发水平、进出口水平都达到了我国农机发展史上的历史之最。这一时期,90% 以上的产品基本能够满足我国国内的市场需求,制造水平和生产效率大幅提升,迅速缩短了与其他工业制造行业的发展差距。但 2014 年之后,我国农机工业发展速度逐渐放缓,产品有效供给不足的结构性矛盾日益凸显,进口产品占据着高端产品市场,一些不适应市场变化、竞争力较低的企业产品滞销、逐渐淡出市场,农机行业的规模不断缩小。

农业机械工业作为农业机械化发展和农业现代化的重要物质支撑,反映并影响农业机械化发展的方向和水平。整体来看,我国农业机械化工业技术水平落后于其他农业发达国家,并在2010年以来遇到发展瓶颈,极大程度上制约了农业技术装备水平和农业机械化高质量发展。尽管几十年来农机类型在不断丰富,但分地区、分作物农业机械类型的研发差距较为明显,尤其是针对西部、丘陵山区等的农机类型缺乏,加上技术水平升级的困难,已形成了行业发展短板,进一步对我国农业机械化的发展形成了潜在约束。如今,在制造业数字化、智能化转型升级的背景下,农业机械工业发展落后的问题应得到高度重视。在产业结构调整、技术升级的关键期,通过产业政策为我国农机工业创造公平、有序的竞争环境,为其发展提供具体的财政支持,有效激发农机工业的活力,是实现农业机械化高质量发展的重要途径。

4.2.4　政策因素

农业是我国发展的基础性产业,因其先天具有弱质性特征,一直是政府政策支持的关键领域。作为工业化的后来者,我国从未停止对产业政策理论的实践和探索。改革开放之后,注重市场和政府作用的结合,在市场充分自主的前提下,亦保留政府对公共资源的控制权(广一霖,2021)。产业政策的实施需尊重发展实际,而政府参与的主要目的是为使市场机制更加完善、营造更加公平合理的竞争环境。农业机械化作为推进农村现代化、实现乡村振兴的重点,近几十年的快速发展与我国政府一系列支持政策密不可分。

第一,作为指导我国"三农"工作的纲领性文件,中央一号文件连续十年提及农业机械化:2006年提出"大力推进农业机械化,提高重要农时、重点作物、关键生产环节和粮食主产区的机械化作业水平";2008年提出"加快推进粮食作物生产全程机械化,稳步发展经济作物和养殖业机械化";2012年提出"加快农业机械化,充分发挥农业机械集成技术、节本增效、推动规模经营的重要作用";2016年提出"加快高端农机装备发展的同时,还要发展农机关键核心零部件和提升主要农作物生产全程机械化水平";2018年提出推进"机器换人""推动主要作物生产全程机械化";2019年提出支持"重型农机"以及薄弱环节适用的农机研发等;2021年更将农业机械化的意义提升到"强化现代农业科技和物质装备支撑"的高度,对农业机械化发展起到了宏观、全局的引导作用。

第二,关于农业机械化的一系列支持性政策、法规为我国农业机械化的发展指明了方向。2004年,全国十届人大常委会通过了《农业机械化促进法》,首次以立法形式对广泛调动农民投入方面具有积极作用;2010年,国务院通过了《关于促进农业机械化和农机工业又好又快发展的意见》,从5个方面加大对农业机械化和农机行业的政策扶持力度;2012年,《全国现代农业发展规划》中明确要求落实农机补贴政策,提倡和鼓励对生产急需的农业机械进行研发与推广;2018年,我国《乡村振兴战略规划(2018—2022年)》指出要加快高端农机装备研发,全面推进我国农机装备和农业机械化转型升级,对我国农业机械化在新形势、新时期的发展提出了新的要求。

　　我国复杂而特殊的国情、农情决定了单靠经济力量很难全面推进农业机械化,必须同时发挥政府的有效作用(路玉彬等,2018)。各项纲领、法规和政策的制定和实施对我国农业机械化发展产生了重要影响,体现了政策支持对于基础性产业发展的重要性,也体现了我国在新时期"质量兴农"的基本思路,为今后实现农业高质量发展提供了有力保障。

　　从2004年大范围实施的补贴政策以来,农机购置补贴政策在农业"四补贴"中最受关注。补贴本身作为转移支付的形式之一,无论是对于农业主体的生产决策,还是对农机作业的需求和供给都具较大影响。农业机械购置补贴亦称农机具购置补贴,是指国家对于从事农业生产的农户个体、农机专业户以及开展相关农机作业的服务组织,对其购置和更新生产所需的机械化装备实施的补贴,其目的在于促进农业机械化水平和农业生产效率的提高。根据补贴方法的调整,可将政策的实施过程基本分为三阶段:第一阶段(2004—2005年)是政策试验期,总体上资金投入较少、补贴方式较多;第二阶段是政策规范期(2005—2011年),按照《农业机械购置补贴专项资金使用管理暂行办法》,统一实行申请差额购机,即国家补贴资金支付给企业,农户支付部分资金;第三阶段是政策完善期(2011—2016年),实施先购机后申请的补贴方式,即农户全额垫款自主购机,然后资金直补给农户。

　　我国农机具购置补贴政策实施十几年来,国家不断加大对补贴的力度和范围、不断调整和完善补贴的管理方式,在市场利益和政策环境中不断探索,取得了长足的进步。2004年农机购置补贴政策正式实施以来,补贴范围不断扩大,从早期的几个省和粮食主产区扩大到全国各省市县和兵团;中央财政对补贴的支持力度不断加大,2019年全国补贴资金已超过180亿元,扶持175万农户购置了200多万台(套)农机具(农业农村部,2020);在补贴管理方式上,有关部门每年确定补贴机具的种类或范围,形成补贴机具目录,建立农机购置补贴辅助管理系统,管理更加公开透明,有些省份还可通过手机应用直接操作申领补贴,资金拨付更及时方便。

从历年中央财政农机购置补贴的支持来看,经历了缓慢上升—快速上升—稳中有降三个发展阶段(图4-5):第一阶段,2004年为7 000万元,到2007年达1.2亿元;第二阶段,是2009年起快速增长至2013年达237.5亿元的高位(为2004年的340倍);第三阶段稳中有降,从2013—2020年仍维持在163.7亿元的水平(为2004年的234倍)。

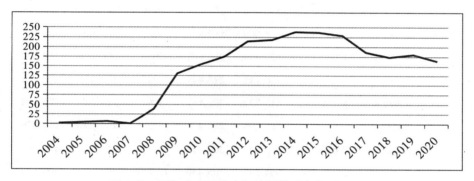

图4-5 历年中央财政农机购置补贴金额(亿元)

农机购置补贴作为农机化投入中的关键部分,直接影响农机化整体投入水平,也作用于农机化相关基础建设、科研、推广培训等投入的提升。从我国对农业机械化的投入和农机购置补贴投入的情况来看(表4-7),2004—2008年,我国农机购置投入和农机化总投入实现了平稳增长,分别增加了160亿元和186亿元;2009—2012年间快速上升,农机购置投入和农机化总投入分别增加了277亿元和324亿元;2013—2014年维持在一定水平,分别在880亿元和1 000亿元左右徘徊;从2015—2018年,二者均呈现出缓慢下降的趋势。值得注意的是,与农机化投入相关的行政事业支出、基本建设支出、科研与推广等支出均保持逐年上升,如2004年科研、推广培训支出合计仅2.9亿元,而2018年科研支出一项即达2.67亿元,两项合计为2004年的10.3倍,农业机械化发展体现出齐头并进的良好态势。

表4-7 我国历年农机化投入变化情况

年份	农机化总投入（万元）	农业机械购置投入（万元）	一般行政事业支出（万元）	基本建设支出（万元）	科研支出（万元）	推广培训支出（万元）	其他支出（万元）
2004	2 955 465	2 491 842	214 588	63 456	28 996		156 583
2005	3 394 484	2 926 179	225 062	63 626	38 590		141 028
2006	3 694 251	3 195 107	235 716	72 505	36 074		154 850
2007	4 073 471	3 505 958	289 071	84 899	43 192		150 350
2008	4 819 196	4 092 555	333 745	134 758	5416	60 261	182 929
2009	6 896 690	6 097 447	388 909	169 176	4956	56 093	180 109
2010	8 066 611	7 062 140	427 438	296 801	4959	75 230	214 674
2011	8 601 963	7 447 058	466 111	273 479	9123	147 018	259175
2012	9 802 809	8 569 562	515 732	307 517	8997	124 301	276 698
2013	10 138 919	8 87 0229	561 098	285 474	11 975	134 294	275 849
2014	10 086 912	8 686 334	605 851	302 734	11 316	150 133	330 543
2015	9 811 450	8 348 244	664 948	305 450	10 167	176 109	306 533
2016	9 747 482	8 199 402	716 826	320 559	20 217	167 512	322 967
2017	8 652 871	7 024 177	768 783	330 854	21 310	175 727	332 019
2018	8 823 610	6 634 860	*848 075	435 261	26 767	272 195	**351 781

数据来源：《中国农业机械工业年鉴（2005—2019）》；2004—2007年科研支出和培训推广支出统计时合为一项；由于统计口径的变化，*按10.3%的平均增速推算而得，**按5.95%的平均增速推算而得。

无论是农业生产效率、农业机械化水平的提高，还是对农机需求的刺激作用、农民收入的增加等，在一定程度上都与农机购置补贴政策的实施密切相关。

第一，从生产效率的角度，农机补贴政策对农业生产效率的提高发挥了重要作用。我国近年来农业生产水平的提升和生产效率的提高与农机购置补贴政策的实施密切相关，即农业机械化能够替代劳动力提高劳动生产率和土地产出率，通过结构调整和现代技术改造促进节本增效和增产增效（高帆，2015）；补贴政策有效促进了农业机械总动力的提升；农机购置补贴政策对提高劳动生产率、增加农业产出具有直接作用，降低了农民购机门槛，有效促进了农业产出的增加（方师乐、黄祖辉，2019；吕炜等，2015；李江一，2016；吴海华，2005）。

第二，农机补贴政策的实施是我国农业机械化水平快速发展的重要因素。农机补贴政策有效推动了农业机械化的发展，促进了农机总动力和劳动力的转移（彭超等，2019）；补贴强调了科技应用，鼓励农民采用良种、现代机械设备等新技术（冯海发，2015）；补贴使综合机械化水平显著提高（陈杨、张宗毅，2019）；该政策实施 7 年后，农业机械化水平即实现了 19% 的增长（李农、万祎，2010）；通过农机产业技术更迭、产业结构的优化，农机购置补贴政策对推动农业现代化也产生了积极影响（王姣、肖海峰，2007）。

在影响农户对农机的需求和购买方面，农机补贴的实施，有效缓解了农户购买农机的资金压力，降低了购机门槛，对提高农机需求也有一定刺激作用。农户作为农机投资主体，补贴政策的影响主要是通过农户需求和行为决策来影响的。补贴政策的实施能够很大程度上减轻农户购机的经济负担，对农民的需求和购买行为产生直接作用，而补贴的范围和力度决定了农民购买农机的需求和意愿的强烈程度。补贴政策能够有效减轻农户购机负担、降低投入成本，促进实际购买行为，对农户购买行为和需求量有显著正向影响、对农民的购买决策产生直接的干预和激励作用，促进了有效需求的转化（陈旭等，2017；钟真等，2018；纪月清等，2013；刘玉梅、田志宏，2009），在有补贴的情况下，购买行为的发生比增加了 1.076 倍（张标等，2017）。

农机购置补贴政策的实施能够对农民收入增长产生积极作用。实际上，通过机械化程度、技术进步或技术效率的提高（Takeshima et al. ，2013），农机补贴政策间接促进了农民增产增收。补贴政策下农业劳动生产率提高，无论是对粮食产量的提高，还是农民家庭人均收入，均具有显著促进作用（刘超等，2018；肖卫、肖琳子，2013；何政道，2009），补贴对农机化水平的正向促进作用，通过对机械化和产出的作用得以显著体现（周振等；2016），此外还具有环境效益（Liang et al. ，2019）。

自农机补贴政策实施以来，我国的农机产业经历了十年"黄金期"，随着我国机械保有量和农机企业数量的快速上升，从长期发展角度来看农机购置补贴政策也呈现出一些问题。一是，农机补贴对于农业机械化虽有促进作用，但也有其他因素制约农业机械化发展水平，要保障政策的效果还需"多管齐下"；二是，随着购机补贴政策实施的时间推进，我国农机存量终将趋于饱和，因此补贴政策对农机装备的结构改善效应逐渐减弱，对使用效率的提升作用也越来越难以发挥(潘彪、田志宏,2018)。对于农机行业和市场而言,农机购置补贴政策实施后短短几年内农机生产企业数量巨幅增长,而技术水平、产品研发并未同步跟上,重复投资和制造现象严重,为我国农机行业带来了严重的产能过剩、低水平竞争等问题,成为进一步发展的瓶颈。

4.3　农业机械化发展水平

农业机械化是农业现代化发展水平的集中体现,更是工农协调发展的重要表征。本部分内容将聚焦我国农业机械化发展现状,建立指标体系,对全国和30个省、市、自治区2004—2018年间的农业机械化发展水平进行测度,并对造成发展水平差异的因素进行分析,作为后续章节分析农业机械化赋能工农协调发展具体效果的研究基础。

4.3.1　指标体系设置

农业机械化是一个整体概念,包括农业机械装备水平、使用效能和经营效益等多个方面。随着农机技术的进步、农机工业和跨区作业等经营形式的发展,单纯使用农机总动力、农机净值等存量指标无法准确衡量真实的农业机械化水平(彭继权等,2019),农机使用效率和农机保障水平变得越来越重要(严中成等,2018)。因此,参考吴维雄等(2008)、卢秉福等(2015)、严中成等(2018)的研究方法设计农业机械化发展指标体系,从作业水平、保障能力和经营效益等三个方面衡量农业机械化发展水平。其中,作业水平包括机耕水平、机播水平、机收水平、机电灌溉水平、机械植保水平五个二级指标,较常用的耕种收综合机械化率更为全面;保障能力方面选择亩均农机总动力、劳均农机总动力两个指标衡量农机装备水平,选择农机化技术推广人员占比和农机化作业服务人员占比两个指标衡量农机技术推广力度和农机社会化服务发展水平;经营效益方面选择农业劳动生产率指标衡量农业整体发展水平,选择农业劳均播种面积指标衡量农业机械化促进农业规模经营的效果,选择单位千瓦农机经营收入指标衡量农业机械化经营效益。各项指标的计算方法见表4-8。

表4-8　农业机械化发展水平测度指标体系

一级指标	二级指标	计算方法	极性
作业水平	机耕水平	机耕面积/农作物总播种面积	+
	机播水平	机播面积/农作物总播种面积	+
	机收水平	机收面积/农作物总播种面积	+
	机电灌溉水平	机电灌溉面积/农作物总播种面积	+
	机械植保水平	机械植保面积/农作物总播种面积	+
保障能力	亩均农机总动力	农机总动力/农作物总播种面积	+
	劳均农机总动力	农机总动力/第一产业就业人数	+
	农机化技术推广人员占比	农机化技术推广人员数/第一产业就业人数	+
	农机化作业服务人员占比	农机化作业服务组织人员数/第一产业就业人数	+
经营效益	农业劳动生产率	第一产业GDP/第一产业就业人数	+
	农业劳均播种面积	农作物总播种面积/第一产业就业人数	+
	单位千瓦农机经营收入	农机化经营总收入/农机总动力	+

注:指标极性为正向(+)即数值越大越优。

4.3.2 数据和方法

机耕面积、机播面积、机收面积、机电灌溉面积、机械植保面积、农机化技术推广人员数、农机化作业服务组织人员数、农机化经营总收入、农机总动力来源于《中国农业机械化年鉴》;第一产业GDP、第一产业就业人数来源于《中国统计年鉴》和各省统计年鉴;农作物总播种面积来源于《中国统计年鉴》。个别省份年份缺失数据采用线性插值法补缺,西藏自治区相关数据缺失较多,予以剔除。限于农业机械化相关具体指标以及各省第一产业就业人数等原始数据的可获得性,研究的时间段为2004—2018年。

选用熵权法对农业机械化发展水平测度指标体系的12个指标进行赋权,测算全国和30个省、市、自治区2004—2018年间的农业机械化发展水平。熵权法的基本思想是:指标的变异程度决定了其提供的信息量,进而决定了其在综合评价中所起的作用,因此根据各指标的信息熵来决定其权重。由于研究时段较长,参考杨丽和孙之淳(2015)的做法,采用改进的面板熵权法使不同年份的结果具有可比性。具体步骤如下：

第一步：指标选取：设共有 r 个年份、n 个省市、m 项指标，$X_{\theta ij}$ 为第 θ 年、第 i 个省市的第 j 项指标的实际值；

第二步：标准化：采用极差标准化方法消除各指标的单位和量纲，并将各指标值的取值范围变换至[0,1]。设 $x_{\theta ij}$ 为 $X_{\theta ij}$ 的标准化值，本章选取的各指标均为正向指标，标准化公式为：

$$x_{\theta ij} = \frac{X_{\theta ij} - \min(X_j)}{\max(X_j) - \min(X_j)} \tag{4-1}$$

第三步：计算每个标准化指标值的占比 $y_{\theta ij}$：

$$y_{\theta ij} = \frac{x_{\theta ij}}{\sum\limits_{\theta} \sum\limits_{i} x_{\theta ij}} \tag{4-2}$$

第四步：计算第 j 项指标的熵值 e_j：

$$e_j = -k \sum\limits_{\theta} \sum\limits_{i} y_{\theta ij} \ln(y_{\theta ij}) \text{，其中 } k = ln(rn) > 0 \tag{4-3}$$

第五步：计算第 j 项指标的信息效用 g_j：

$$g_j = 1 - e_j \tag{4-4}$$

第六步：计算第 j 项指标的权重 w_j：

$$w_j = \frac{g_j}{\sum\limits_{j} g_j} \tag{4-5}$$

第七步：计算第 θ 年、第 i 个省市的农业机械化发展水平 $h_{\theta i}$：

$$h_{\theta i} = \sum\limits_{j} w_j x_{\theta ij} \tag{4-6}$$

熵权法测算所使用的指标标准化值取值区间均为 0～1，数值越高越优，其测算结果为各项指标标准化值的加权求和，取值区间亦为 0～1，且数值越高越优。例如，某省某年结果低于其他省而高于自身往年水平，说明其发展水平横向来看仍相对落后，但纵向来看亦有进步。

4.3.3　结果与讨论

全国及 30 个省、市、自治区 2004—2018 年间的农业机械化发展水平测算结果见表 4-9 和表 4-10。

表4-9　2004—2010年全国各省市自治区农业机械化发展水平测算

省份	2004	2005	2006	2007	2008	2009	2010
全国	0.197	0.209	0.225	0.245	0.271	0.293	0.314
北京	0.467	0.475	0.460	0.457	0.459	0.496	0.505
天津	0.425	0.427	0.419	0.526	0.504	0.509	0.537
河北	0.359	0.374	0.391	0.421	0.439	0.452	0.466
山西	0.252	0.258	0.265	0.278	0.287	0.313	0.330
内蒙古	0.336	0.349	0.364	0.370	0.415	0.441	0.471
辽宁	0.258	0.274	0.285	0.307	0.325	0.334	0.345
吉林	0.253	0.267	0.280	0.310	0.344	0.374	0.411
黑龙江	0.394	0.387	0.411	0.427	0.463	0.468	0.493
上海	0.192	0.198	0.231	0.246	0.252	0.286	0.340
江苏	0.262	0.281	0.309	0.342	0.360	0.380	0.401
浙江	0.261	0.276	0.297	0.349	0.268	0.264	0.300
安徽	0.216	0.228	0.247	0.276	0.310	0.333	0.352
福建	0.108	0.108	0.123	0.130	0.153	0.165	0.182
江西	0.112	0.130	0.146	0.165	0.183	0.198	0.227
山东	0.292	0.318	0.337	0.356	0.406	0.436	0.453
河南	0.232	0.245	0.256	0.274	0.313	0.349	0.369
湖北	0.146	0.158	0.163	0.185	0.221	0.233	0.243
湖南	0.147	0.159	0.167	0.182	0.215	0.224	0.236
广东	0.084	0.091	0.099	0.113	0.135	0.159	0.182
广西	0.100	0.105	0.111	0.119	0.143	0.163	0.173
海南	0.086	0.098	0.103	0.119	0.150	0.176	0.182
重庆	0.087	0.095	0.100	0.106	0.118	0.135	0.157
四川	0.100	0.103	0.109	0.118	0.127	0.133	0.143
贵州	0.027	0.035	0.043	0.053	0.059	0.064	0.075
云南	0.055	0.057	0.061	0.065	0.076	0.088	0.101
陕西	0.212	0.218	0.223	0.240	0.259	0.277	0.299
甘肃	0.168	0.170	0.180	0.188	0.187	0.191	0.202
青海	0.216	0.221	0.234	0.235	0.259	0.276	0.302
宁夏	0.250	0.264	0.276	0.292	0.330	0.365	0.338
新疆	0.329	0.338	0.343	0.348	0.390	0.402	0.419

表4-10　2011—2018年全国各省市自治区农业机械化发展水平测算

省份	2011	2012	2013	2014	2015	2016	2017	2018
全国	0.338	0.358	0.381	0.404	0.420	0.422	0.431	0.448
北京	0.505	0.518	0.485	0.479	0.452	0.432	0.442	0.460
天津	0.541	0.532	0.541	0.544	0.552	0.524	0.528	0.528
河北	0.482	0.498	0.512	0.523	0.528	0.489	0.506	0.508
山西	0.349	0.368	0.383	0.393	0.396	0.346	0.349	0.372
内蒙古	0.488	0.513	0.514	0.545	0.563	0.529	0.508	0.555
辽宁	0.377	0.395	0.417	0.427	0.438	0.430	0.417	0.460
吉林	0.437	0.481	0.506	0.527	0.548	0.567	0.567	0.589
黑龙江	0.526	0.554	0.580	0.597	0.608	0.622	0.634	0.651
上海	0.348	0.326	0.310	0.333	0.347	0.348	0.355	0.361
江苏	0.429	0.453	0.484	0.494	0.517	0.535	0.546	0.563
浙江	0.323	0.329	0.342	0.343	0.339	0.341	0.372	0.376
安徽	0.370	0.395	0.419	0.440	0.458	0.476	0.484	0.502
福建	0.192	0.194	0.223	0.234	0.243	0.253	0.266	0.275
江西	0.250	0.276	0.249	0.266	0.294	0.304	0.316	0.342
山东	0.465	0.478	0.499	0.506	0.518	0.485	0.488	0.544
河南	0.391	0.404	0.415	0.418	0.428	0.422	0.423	0.451
湖北	0.261	0.279	0.302	0.326	0.346	0.364	0.370	0.395
湖南	0.252	0.264	0.281	0.305	0.317	0.330	0.335	0.364
广东	0.197	0.210	0.217	0.225	0.229	0.237	0.256	0.260
广西	0.195	0.212	0.238	0.252	0.260	0.282	0.298	0.315
海南	0.207	0.217	0.233	0.245	0.239	0.248	0.253	0.252
重庆	0.181	0.187	0.201	0.212	0.227	0.250	0.268	0.276
四川	0.153	0.171	0.190	0.202	0.212	0.223	0.239	0.246
贵州	0.084	0.093	0.100	0.109	0.120	0.120	0.132	0.150
云南	0.115	0.127	0.137	0.143	0.148	0.155	0.169	0.172
陕西	0.314	0.311	0.347	0.359	0.360	0.348	0.361	0.368
甘肃	0.207	0.222	0.234	0.245	0.259	0.251	0.285	0.290
青海	0.315	0.318	0.340	0.346	0.358	0.356	0.371	0.392
宁夏	0.351	0.363	0.374	0.379	0.392	0.369	0.410	0.404
新疆	0.425	0.429	0.440	0.486	0.485	0.475	0.476	0.478

从上面的测算结果可以看出：2004—2018年间，全国和大部分省、市、自治区的农业机械化水平呈现稳定上升趋势，但所处区间存在差异。具体来说，北京、天津农业机械化水平在0.4~0.55稳定波动，黑龙江农业机械化水平则从2004年的0.394上升至2018年的0.651，历年均位居全国前列，与杨敏丽、白人朴（2005）、段亚莉等（2011）的测算结果相似；贵州、云南整体发展水平低且增长缓慢，2004年仅分别为0.027、0.055，至2018年分别上升至0.150、0.172；东南地区的福建，中南地区的湖北、湖南、江西，西南地区的重庆、四川、华南地区的广东、广西等省区农业机械化水平相对较低。

进一步地，将全国30个省、市、区分为东、中、西三部分，计算2004—2018年各个地区农业机械化发展水平并进行比较，结果见图4-6。

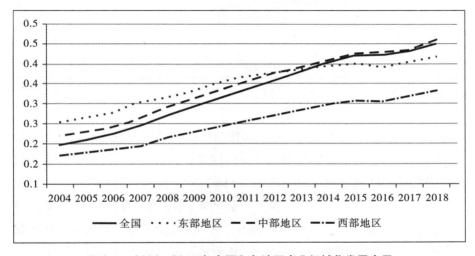

图4-6　2004—2018年全国和各地区农业机械化发展水平

由图4-6可见，2004—2018年间，东部地区、中部地区农业机械化发展水平和变化趋势与全国水平大致相当，东部地区基础水平较高，近年来上升速度略有放缓；中部地区上升较快，自2012年起已超过东部地区；西部地区虽有一定程度增长，整体水平仍大幅度低于东部和中部地区，且差距有逐渐拉大的趋势。参考熵权法计算的各项指标权重（表4-11），可得出以下造成农业机械化发展水平差异的原因：

表 4-11　熵权法计算农业机械化发展指标权重

一级指标	二级指标	权重
作业水平	机耕水平	0.041
	机播水平	0.157
	机收水平	0.082
	机电灌溉水平	0.082
	机械植保水平	0.079
保障能力	亩均农机总动力	0.072
	劳均农机总动力	0.066
	农机化技术推广人员占比	0.134
	农机化作业服务人员占比	0.057
经营效益	农业劳动生产率	0.075
	农业劳均播种面积	0.096
	单位千瓦农机经营收入	0.062

注:指标极性为正向(+)即数值越大越优。

农业机械化赋能工农协调发展

第一,作业水平差异较大,从技术性角度反映了我国农业机械化发展仍较为薄弱。作业水平部分五项二级指标权重合计达44%,说明提升农业机械化发展水平的直接途径是提高农业机械的使用效率。2004—2018年,全国耕种收综合机械化水平从32%上升至69%,作业水平部分总得分(即五项二级指标的加权和)从0.124上升到0.234,同期,黑龙江耕种收综合机械化水平从79%上升至97%,接近100%,作业水平部分总得分从0.278上升至0.353;贵州耕种收综合机械化水平仅从1.7%上升至29.2%,与全国2004年平均水平基本持平,作业水平部分总得分从0.009上升至0.049,远低于全国2004年平均水平。造成作业水平差异的原因是多样的,既有地形等自然条件的限制,也有经济水平、种植结构等因素的影响。特别地,机播水平指标权重达到15.7%,为所有二级指标中最高,说明各省在机播水平方面差异最大。观察各省份该项指标,发现以种植水稻为主的省份(东北地区的辽宁、吉林、黑龙江除外)均明显低于以种植小麦、玉米为主的省份。这说明目前我国水稻种植机械化水平相对较低。水稻栽培环节较多,受不同地区种植结构、耕作制度影响较大,其机械化耕种面临的问题也较其他粮食作物更加复杂。

第二,农机技术推广力度差异较大。保障能力部分中,农机化技术推广人员占比指标权重达到13.4%,说明各省在农机技术推广力度方面存在较大差异。以第一产业劳动力计算,2018年全国每万人平均拥有农机化技术推广人员1人,北京达到6人,辽宁为2.3人,陕西、黑龙江、新疆为1.8人,而福建仅为0.12人,贵州仅为0.31人,尚不及2004年全国平均水平(0.6人)。因此,农业机械化发展水平相对落后的省份应加强队伍建设,加大农机化技术推广力度。

第三,农业劳均播种面积差异较大,从经济性角度反映了我国农业机械化发展面临的现实约束。经营效益部分中,劳均播种面积权重接近10%。以第一产业劳动力计算,2004年全国人均农作物播种面积为6.6亩,黑龙江达17.8亩,内蒙古达15.9亩;2018年,全国人均农作物播种面积达12.3亩,较2004年几乎翻了一倍,黑龙江达29.9亩,内蒙古达22.9亩,而福建、海南、广东仅分别为4亩、4.7亩和4.8亩左右,尚不及2004年全国平均水平。劳均播种面积指标既体现了人地关系这一农业基础禀赋,更反映了农业机械替代劳动力、实现土地规模经营的效果,在农业生产比较收益偏低的现实条件下,也会反过来影响农民的农机购置与使用决策。因此,提升农业机械化水平的根本出路,在于逐步破除农业人口实质性转移的政策和制度障碍,为实现土地规模经营创造条件。

4.4 农业机械化发展效果

上一节对农业机械化发展水平进行了测度,本节主要通过考察农业机械在粮食生产中的作用,估计农业机械对劳动生产率的绝对和相对贡献,从整体上评价农业机械化发展的实际效果。本节使用的统计指标包括:粮食播种面积(S)、粮食总产量(Q)、单位面积产量(Y)、农业劳动力数量(L)以及农业机械总动力(M)。

4.4.1 劳动生产率要素分解

劳动生产率是衡量农业发展水平的基本指标,基于粮食生产主要指标要素构成分解原理,劳动生产率的要素构成模型定义为:

$$Q_L = Y \times S_K \times K_L \tag{4-7}$$

上式中，Q_L代表劳动生产率，定义为粮食总产量（Q）除以劳动力数量（L）；Y代表单位面积产量，定义为粮食总产量（Q）除以播种面积（S）；S_K代表单位机械负担的播种面积，定义为播种面积（S）除以农业机械（K）；K_L代表劳动力的机械装备程度或水平，定义为农业机械（K）除以劳动力数量（L）。

那么，根据统计指数分析基本原理，粮食生产劳动生产率的增减变化量，可以定义为：

$$A Q_L = (Q_L^1 - Q_L^0) \tag{4-8}$$

公式中，上角1代表报告期，上角0代表基期。那么，基于统计指标的要素构成分解原理，劳动生产率的增减变化量可分解为如下三个部分：

（1）由单位面积产量（Y）变化引起的增减变化量：

$$AY = (Y^1 \times S_K^0 \times K_L^0) - (Y^0 \times S_K^0 \times K_L^0) \tag{4-9}$$

（2）由单位机械负担的播种面积（SK）变化引起的增减变化量：

$$AS_K = (Y^1 \times S_K^1 \times K_L^0) - (Y^1 \times S_K^0 \times K_L^0) \tag{4-10}$$

（3）由劳动力的机械装备程度（K_L）变化引起的增减变化量：

$$AK_L = (Y^1 \times S_K^1 \times K_L^1) - (Y^1 \times S_K^1 \times K_L^0) \tag{4-11}$$

那么，劳动生产率的绝对增减变化量，就等于三个影响因素变化导致的变化量的总和，亦即，以上要素构成分解构成一个绝对增减变化的指数体系：

$$AQ_L = AY + AS_K + AK_L \tag{4-12}$$

那么，基于上面的要素分解，可以计算在劳动生产率增减变化中，每个影响因素所占的份额或百分比，分别如下：

（1）单位面积产量（Y）引起的劳动生产率增减变百分比：

$$AY\% = \frac{AY}{A Q_L} \times 100 \tag{4-13}$$

（2）单位机械负担的播种面积（S_K）引起的劳动生产率增减变百分比：

$$AS_K\% = \frac{AS_K}{A Q_L} \times 100 \tag{4-14}$$

（3）劳动力的机械装备程度（K_L）引起的劳动生产率增减变百分比：

$$AK_L\% = \frac{AK_L}{A Q_L} \times 100 \tag{4-15}$$

同样，劳动生产率的增减变化百分比和三个影响因素所占的份额之和，构成劳动生产率增减变化率和贡献份额的指数体系：

$$A\,Q_L\% = AY\% + AS_K\% + AK_L\% \qquad (4-16)$$

按照定义,劳动生产率=总产量/劳动力数量,那么,进一步可以将劳动生产率分解为:劳动生产率=(总产量/播种面积)×(播种面积/农业机械)×(农业机械/劳动力数量)。亦即,劳动生产率变化(Q_L)是由单位面积产量(Y)、单位机械工作量(Q_K)和劳动力的机械装备程度(K_L)等三个因素变化共同引起的。

4.4.2　数据来源及描述分析

本节使用 1981—2017 年全国及主产省粮食生产相关统计数据,主要包括粮食总产量、粮食作物播种面积、农业机械总动力、第一产业就业人数等,通过指数分解的方法来考察粮食生产投入要素变化的主要特征。其中,粮食产量、粮食播种面积、农业机械总动力等数据来自 1981—2019 年《中国统计年鉴》;2001—2018 年各省第一产业就业人数来自各省每年印发的统计年鉴(第一产业就业人数),2000 年以前该数据来自《新中国 60 年》。

图 4-7 给出了劳动生产率(人均粮食产量)变化趋势,可以看出在 1981—2017 年间,我国粮食生产劳动生产率有了显著的提升,增加了将近 2 倍;通过农业机械的替代效果和农业机械总动力工作量变化可知(图 4-8),农业机械的替代效果,亦即,这里用劳动力和农业机械总动力两个指标的比值来代替,其变化呈现下降趋势,说明农业机械投入明显替代了劳动力使用,这一观察符合农业机械化发展的理论预期。但是,农业机械总动力工作量呈现下降趋势,同理论预期不尽一致。因为,农业机械化的发展,不仅要替代更多的劳动力,而且要提高农业机械化的作业量,亦即,提高单位农业机械的工作量。农业机械工作量的下降意味着农业机械投入的效果不佳,抑或农业机械的过度投入;而这一结果又同我国目前的农业机械化实际水平相悖,因此需要进行深入的分析。

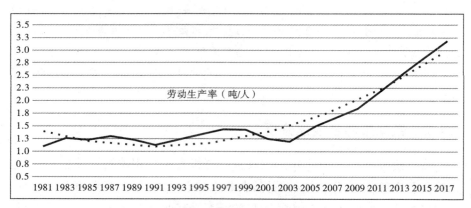

图4-7　1981—2017年全国劳动生产率(吨/人)

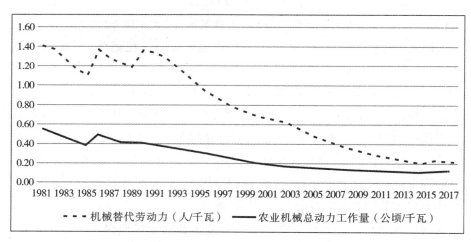

图4-8　历年我国农业机械总动力工作量和机械替代劳动力效果

4.4.3　结果与分析

　　如前文所述,劳动生产率(Q_L)的变化量AQ_L,可分解为以下三个要素的影响之和:由单位面积产量(Y)变化引起的变化量AY;由单位机械负担的播种面积(S_K)变化引起的变化量AS_K;由劳动力的机械装备程度(K_L)变化引起的变化量AK_L。表4-12给出了1982—2018年全国劳动生产率(Q_L)的定基增长量变化,以及由单位面积产量(Y)、单位机械负担的播种面积(S_K)和劳动力的机械装备度(K_L)的变化,分别引起的定基增长量的变化量。根据

表4-12的要素分解模型估计结果,在1981—2018年间,劳动生产率增加了2.156吨/人。下面主要观察分析在这个分析框架下,农业机械化对劳动生产率影响效果。

表4-12　历年我国劳动生产率的定基增长量及要素分解

年份	劳动生产率	播面单产	农业机械工作量	劳动力机械装备程度	农业机械综合效果
1982	0.054	0.111	−0.082	0.025	−0.057
1983	0.152	0.219	−0.179	0.112	−0.068
1984	0.228	0.301	−0.293	0.219	−0.073
1985	0.126	0.253	−0.390	0.263	−0.127
1986	0.161	0.271	−0.141	0.031	−0.110
1987	0.187	0.313	−0.238	0.112	−0.126
1988	0.130	0.290	−0.320	0.160	−0.160
1989	0.135	0.311	−0.363	0.187	−0.176
1990	0.055	0.427	−0.405	0.034	−0.372
1991	0.022	0.405	−0.436	0.053	−0.383
1992	0.052	0.454	−0.500	0.098	−0.402
1993	0.120	0.503	−0.568	0.184	−0.383
1994	0.124	0.477	−0.626	0.272	−0.353
1995	0.222	0.545	−0.712	0.388	−0.323
1996	0.357	0.639	−0.794	0.512	−0.282
1997	0.327	0.598	−0.848	0.576	−0.271
1998	0.365	0.647	−0.927	0.645	−0.282
1999	0.330	0.643	−0.992	0.678	−0.313
2000	0.191	0.554	−1.016	0.653	−0.363
2001	0.152	0.556	−1.060	0.656	−0.404
2002	0.156	0.607	−1.134	0.683	−0.451
2003	0.098	0.581	−1.162	0.679	−0.483
2004	0.256	0.692	−1.259	0.823	−0.436
2005	0.356	0.700	−1.285	0.941	−0.345

年份	劳动生产率	播面单产	农业机械工作量	劳动力机械装备程度	农业机械综合效果
2006	0.466	0.729	−1.330	1.066	−0.263
2007	0.541	0.742	−1.364	1.163	−0.201
2008	0.675	0.820	−1.451	1.306	−0.144
2009	0.746	0.789	−1.446	1.403	−0.043
2010	0.865	0.829	−1.498	1.535	0.036
2011	1.056	0.903	−1.576	1.729	0.154
2012	1.196	0.955	−1.635	1.876	0.241
2013	1.399	0.984	−1.661	2.076	0.415
2014	1.572	0.987	−1.677	2.261	0.585
2015	1.744	1.025	−1.718	2.437	0.718
2016	1.775	1.013	−1.651	2.413	0.762
2017	2.067	1.073	−1.685	2.679	0.994
2018	2.156	1.079	−1.701	2.778	1.077

注解:表中单位是吨/人,基期为1981年的劳动生产率为1.092吨/人。农业机械综合效果=农业机械工作量效果+劳动力机械装备程度效果。

首先,劳动力农业机械化装备水平对劳动生产率有正向影响。可以看出,在1981—2018年间,劳动力农机装备水平的提升使劳动生产率增加了2.778吨/人。实际上,在1981—2018年间,随着农业机械化的迅速发展,劳动力农业机械化装备水平,从0.77千瓦/人增加到4.95千瓦/人,增加了4.18千瓦/人,增加了近6倍。结果显著增加了劳动生产率。

第二,农业机械工作量对劳动生产率增长有负向影响。可以看出,在1981—2018年间,农业机械工作量的下降使劳动生产率减少了1.701吨/人。实际上,在1981—2018年间,农业机械投入不断增加而播种面积始终维持在一定区间内,结果导致农业机械工作量呈现下降趋势,从0.539公顷/千瓦下降到0.117公顷/千瓦,减少了78.3%,最终导致劳动生产率的定基增长量减少了1.701吨/人。

最后,农业机械对劳动生产率的综合效果多数年份为负。尽管随着农业机械化的发展,迅速提高了劳动力机械装备水平,大大提高了劳动生产率(2.778吨/人),但是由于播种总面积未明显增加,农业机械工作量逐年下降,从而又导致劳动生产率的降低(1.701吨/人)。2010年以后,农业机械对劳动生产率的综合效果才变为正向。这一结果印证了第五章内容的相关结论,即农业机械的使用效果逐渐下降,换句话说,出现农业机械的过度投入(马恒运等,2018)。

基于2018年各省粮食产量数据,选出占全国比例在5%以上的9个省份进行分析,这些省份和粮食产量份额分别是:黑龙江(11.41%)、河南(10.11%)、山东(8.09%)、安徽(6.09%)、河北(5.63%)、江苏(5.56%)、吉林(5.52%)、内蒙古(5.40%)和四川(5.31%)。四川省1997年以前数据包括重庆市(下同),以上9个省份粮食产量共占全国总产量的63.12%。同样,按照上面的分析步骤,分别对这些粮食主产区的劳动生产率(吨/人)、劳动力工作量(公顷/人)以及播种面积单产(吨/公顷)的变动,进行要素构成分解分析。首先,观察主产区的劳动生产率的变动趋势,以及劳动力工作量和播种面积单产的影响,比较这些主产区相似性和异质性,以及同全国水平的差异性。

附表4-1到附表4-9给出了粮食主产区的劳动生产率的要素构成分解估计结果,显示劳动生产率(Q_L)的定基增长量变化,以及单位面积产量(Y)、单位农业机械负担的播种面积(S_K)和劳动力的机械装备成度(K_L),分别引起的劳动生产率的定基增长量的变化量。为了更清楚地观察粮食主产省份的相似性和异质性,再此摘录2018年劳动生产率的定基增长量以及各因素影响程度的定基增长量。观察表4-13有如下发现:

首先,劳动生产率变化及各要素分解结果呈现较大相似性。例如,劳动生产率均呈现上升趋势,单位面积产量和劳动力机械装备程度均呈现正向影响,相反,农业机械的工作量(公顷/千瓦)有明显的负效应。同时,可以看出,这一发现同全国层面的观察结果基本一致。

表 4-13　2018 年粮食主产区劳动生产率定基增长量及要素分解

主产区	劳动生产率	播面单产	农业机械工作量	劳动力机械装备程度	农业机械综合效果
全国	2.156	1.079	−1.701	2.778	1.077
黑龙江	7.740	5.128	−4.101	6.713	2.612
河南	1.824	1.292	−1.776	2.308	0.532
山东	2.064	1.135	−1.633	2.563	0.930
安徽	1.920	0.899	−1.627	2.647	1.021
河北	1.807	1.508	−1.940	2.239	0.300
江苏	3.542	0.873	−1.525	4.193	2.668
吉林	5.006	3.872	−4.896	6.030	1.134
内蒙古	5.093	3.147	−3.080	5.026	1.946
四川	1.055	0.618	−1.356	1.794	0.437

注解:基期为 1981 年,单位是吨/人。农业机械综合效果=农业机械工作量效果+劳动力机械装备程度效果。数据来源:表 4-12、附表 4-1 到附表 4-9。

其次,主产区各要素构成分解结果差异明显。具体来说,劳动力机械装备程度呈现正向影响,黑龙江省效果最大(5.128 吨/人),其次是吉林(3.872 吨/人)和内蒙古(3.147 吨/人),四川最低(0.618 吨/人)。农业机械工作量呈现负向影响,吉林省效果最大(−4.896 吨/人),其次是黑龙江(−4.101 吨/人)和内蒙古(−3.080 吨/人),四川最低(−1.356 吨/人)。农业机械综合效果均为正向但程度不同,江苏省的农业机械综合效果最大(2.668 吨/人),其次是黑龙江省(2.612 吨/人),第三是内蒙古(1.946 吨/人)。

最后,主产区农业机械工作量效果均为负,且大致分为两个水平。在人少地多的省份如吉林、黑龙江、内蒙古,农业机械工作量对劳动生产率的负向效果较大;而在其他人口众多、耕地面积相对较少的省份,农业机械工作量对劳动生产率的负向效果则基本上与全国平均水平相似。这一发现说明,农业机械工作量下降的负向效果对于人少地多的省份特别明显,而这些省份理论上恰恰是农业机械化应当发挥更大作用的地方。因此,在农业机械补贴政策方面需要持续改进、精准施策。

本节运用指数分解法对农业生产建立要素构成分解模型,从技术层面

考察了1981—2018年间农业机械对粮食劳动生产率变化的影响,得出以下结论:

第一,农业机械完成工作量呈下降趋势。我国农业机械总动力呈现上升趋势,而粮食作物播种总面积先波动下降、后缓慢回升,始终保持在一定范围内,结果导致农业机械完成工作量(负担的播种面积)呈下降趋势。这一发现可能预示着我国农业机械出现过度投入、利用效果下降,同农业机械化发展目标预期相比,工业支持农业仍有较大提升空间。

第二,农业机械对劳动生产率综合直接影响多数年份为负。21世纪以来,国家对农业机械补贴力度不断加大,激发了农民购置农机的积极性,农业机械投入快速增加,提高了劳动力的机械装备水平;但另一方面,粮食播种面积并未显著增加,而单位农业机械的工作量逐年下降,从而使农业机械对劳动生产率的综合影响效果显示为负。可以看出,农业机械化发展固然降低了劳动强度,但似乎并没有显著减少农业劳动生产的投入,从而导致农业机械对劳动生产率的影响效果为负。

需要说明的是,由于农业生产的综合性和要素使用的不可分性,粮食生产中所使用的劳动力、农业机械精确数量均很难确定。因此,模型估计的结果只是给出一个一般的概念,其结论还需要由各方面的研究结果进一步印证。

5

我国工农关系演进与工农协调测度

我国工农关系的基本格局在长期社会生产力发展和部门、产业分工中逐渐形成，经历了"农业为主导""以农补工"等阶段。"工业反哺农业""工农互促、城乡互补"等政策方针的提出标志着工农关系发展目标导向的新变化，揭示了协调发展的重要意义。

由马克思主义政治经济学关于生产力与生产关系相互作用的基本原理以及工农关系相关论述可知，处理好工农关系是保障社会稳定的关键，也是发展中不可忽视的重要问题。对我国工农关系发展的历史脉络和现实格局进行审视思考，有助于将理论逻辑和实际发展联系起来，形成对我国工农协调发展规律、趋势的整体认知。

以下将对我国工农关系的演进历程进行回顾，对不同阶段的基本特征、政策重点以及制度等影响因素进行总结，并对我国工农协调发展水平进行测度和分析，作为后续章节探讨农业机械化赋能工农协调发展的基本机理、分析其具体效果的基础。

5.1　工农关系演进与阶段性特征

新中国成立以来，我国的工业与农业的发展关系，整体表现为从农业主导经济到工业主导经济，体现出从独立走向融合的特点。本书主要通过各产业生产总值份额的变化，分析工农关系主导经济的变化特征。总体可分为三个历史阶段，分别是农业主导的工农关系、工业主导的工农关系以及工业+房地产共同主导下的工农关系。

第一阶段，1970年以前，我国主要体现出农业主导的工农关系阶段。我国经济整体以农业经济为主导（图5-1），农业生产工业化和农村综合发展随之进行。这一阶段可直观地发现，农业GDP的份额一直大于工业，作为农业大国,工农关系整体体现的是以农业主导的特征。

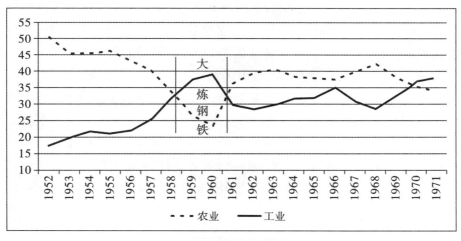

图 5-1　农业主导阶段的工农关系(GDP%)

数据来源:《中国统计年鉴 1999》。

第二阶段,1970 年以来的以工业为主导的工农关系。1955—1969 年,通过前期苏联援建和后期自主建设,我国完成了“一五”计划列出的“156 项重点工程”(实际执行 150 项),与自主完成的千余个限额以上配套项目一道初步建立起完整的工业体系,奠定了中国工业化的基础(刘伯英、李匡,2011)。20 世纪 70 年代开始,农业生产总值的份额迅速下降,工业生产总值的份额在徘徊中逐渐增加,到了 21 世纪初期,2006 年工业 GDP 份额达到顶峰(43.3%)(图 5-2)。很明显,此阶段工业 GDP 份额以绝对优势主导产业经济发展。

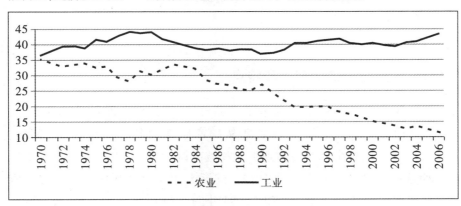

图 5-2　工业主导阶段的工农关系(GDP%)

数据来源:《中国统计年鉴 1999》和《中国统计年鉴 2007》。

第三阶段,2004年以来形成的工业+房地产主导的工农关系。尤其是2006年开始,工业生产总值份额呈稳定下降趋势,10年来下降了近10个百分点(图5-3)。与此同时,房地产业+建筑业呈现出蓬勃发展的态势,其份额稳定增长,2017年和2019年都达到了14%。尽管在此阶段中工业生产总值份额仍然较其他产业最高,由于房地产+建筑业的迅速发展,2005—2011年间工业GDP份额已呈下降趋势,2010年以后尤其是近年来,工业GDP份额加快下降、农业GDP份额缓慢下降、房地产+建筑业GDP份额持续上升的趋势越发明显。值得注意的是,工业GDP份额的下降可能预示着我国进入"中等收入陷阱"的迹象。这一结果的出现,可能与我国制造业效率较低,不能满足市场有效需要有关,据此,也使我们对工业反哺农业的实际能力产生了疑问。

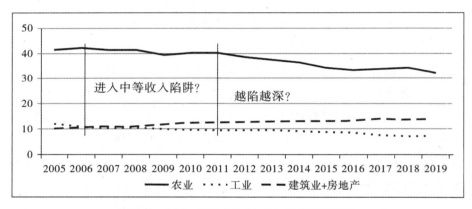

图5-3　工业+房地产主导工农关系(GDP%)

数据来源:《中国统计年鉴2009》。

5.1.1　农业支持工业形式和特点

新中国成立以来,无论是工农业产品价格"剪刀差"、统购统销政策,还是人民公社制度等形式,农村农业从国家层面受到了全面控制(韩俊,2009),农业产品剩余逐渐转移到工业和城市;在1953—1978年我国计划经济时期,通过工农业产品价格"剪刀差"的形式,提取了6 000~8 000亿元农业经济剩余(温铁军,2000);1979—1994年间,"剪刀差"提取了约15 000亿元收入,且每年"剪刀差"绝对量超过1 000亿元,是改革开放之前水平的5.3倍(张忠法等,1996;武力,2001)。从以上不同时期的情况可以看出,多年来国家工业化的发展基础主要依靠"剪刀差"获得,是农业剩余奠定了中国工业现代化的起步基础(严瑞珍等,1990)。

在我国工业化过程中,农业一度为工业部门的扩张提供了重要的资金来源,大量农业剩余资金以储蓄的形式被工业生产者借贷并转变为发展资金。据估算,在1952—1990年间,通过工农业产品价格"剪刀差"的形式,农业、农村为城市和工业提供8 707亿元资金,通过税收提供1 527.8亿元资金,通过储蓄提供了1 404.8亿元的资金,除去对农业的投入,农村为城市和工业发展提供资金净额约1万亿元(王金秀,2007)。我国农业目前仍以家户小规模经营、出售原料和初级产品为主,收益较低,而工业从农业中汲取资金的强度却在不断增加,从农村资金净流出趋势来看,20世纪70年代年均几十亿元,80年代年均几百亿元,90年代以后增加到上千亿元,甚至达到近2 000亿元的水平(黄季焜和马恒运,1998)。

农业为工业发展亦提供了丰富的要素支持,主要是廉价劳动力和廉价的土地。在顺应工业大潮的形势下,农业劳动力开展了大规模跨地区的流动,廉价劳动力最主要的特征是工资水平低。改革开放以来,城市一般职工的工资水平实际上逐年提高,但是农民工的工资水平受供需影响,实际上是下降的:企业主采用经常更换工人的方法,使工资水平越来越低(许宁,2007);珠海私营企业和三资企业的职工有一半人工作时间超过55小时/周(郭悦,2004);20年来,来自全国各地的人们支撑了深圳的发展,但2001年当地农民工月工资平均仅588元,甚至低于20世纪80年代的水平;广东佛山一些企业的外来务工人员工资在20世纪90年代中期就已达到600~1 000元,但此后10余年仍停留在此水平上(刘辉,2005);农民工每小时少挣0.64元,意味着每年少挣2 284元(蔡昉,2006)。

在工业发展、城市快速扩张的阶段,国家通过征地,从农业、农村获取了廉价的土地资源。具体来说,2000年之前,通过土地价格"剪刀差",强制从农民手中剥夺了超过2万亿元的利益(万朝林,2004;乔新生,2006);2000年以来,土地价格"剪刀差"进一步扩大,2002年土地价格"剪刀差"达671.82亿元,2012年达5 024.13亿元,11年间累计总额达28 543.24亿元,是同时期被征地农民获得补偿款的2.43倍(何安华、孔祥智,2011);随着城市建设用地价格飞速上升,农民实际获得的补偿收益却极低,比如,失地农民仅能得到5%的土地转让收入(周天勇,2005),最高补偿也只是土地产值的25倍(刘奇,2020);2014年国土资源部公布的数据显示,2013年国家土地出让收入为 4.2 万亿元,补偿安置、社保费用只有 188 亿元,补偿比例还不到 5%。值得注意的是,2000 年年初,我国支持农业发展的财政支出仅是土地出让收入的 30%,直至近年来才增加到 60% 左右。表 5-1 显示,2017 年国家从农民手里征用 23 万公顷土地,土地出让收入突破 5 万亿元,然而,同年国家用于农业支出的资金只有 2 万亿元。近年来,全国土地供应持续扩大、价格飞涨。表 5-2 显示,到 2020 年,全国 300 多个城市土地出让金总额达到了 59 827 亿元,其中,上海、杭州、广州、南京位列前四名,土地出让金均超过 2 000 亿,北京、武汉等城市紧随其后,有 14 个城市突破了千亿①。据此,国家对农业的实际支出远远小于农民失地的机会收入。在过去的十年里,农村支持工业和城市发展的力度远超过对农业支持的力度,也意味着我国经济可能仍处在农村支持城市时期,只是在支持方式上发生了一系列变化。

表 5-1　历年国家财政农业支出和国有建设用地出让变化

年份	财政农林水支出 (亿元)	农业生产补贴 (亿元)	土地出让收入 (亿元)	出让建设用地 (万公顷)
2005	1 792.40	172.52	6 500	17.00
2006	2 161.35	309.54	8 000	23.00
2007	3 404.70	513.60	12 000	23.00
2008	4 544.01	952.40	10 000	15.00
2009	6 720.41	1 274.50	16 000	21.00
2010	8 129.58	1 344.90	27 100	29.15
2011	9 937.55	1 406.00	31 500	33.39
2012	11 973.88	1 664.00	26 900	32.28
2013	13 349.55	1 638.50	42 000	36.70
2014	14 173.83	1 673.95	33 400	27.18
2015	17 380.49	1 683.40	29 800	22.14

---

① 数据来源:2020 年度全国土地市场盘点,全国 300 城出让金总额 59 827 亿。
https://www.sohu.com/a/442540223_120121400

年份	财政农林水支出（亿元）	农业生产补贴（亿元）	土地出让收入（亿元）	出让建设用地（万公顷）
2016	18 442.00	1 679.90	35 600	20.82
2017	19 088.99	1 763.90 *	51 984	23.09

资料来源:《中国统计年鉴（2006—2019）》;农业部:《中国农业发展报告（2006—2017）》;自然资源部:《中国国土资源公报（2006—2017）》（http://www.mnr.gov.cn/）;《中国国土资源统计年鉴（2018）》。

注解:2005—2009 年出让收入和出让面积根据《2009 年中国国土资源公报》中的统计图估计得;农业生产补贴包括:粮食直接补贴、农资综合补贴、良种补贴和农机购置补贴;* 按上年 5% 增量估计。

表 5-2　2020 年全国主要城市土地出让面积和收入

主要城市	出让金（亿元）	成交面积（万平方米）	主要城市	出让金（亿元）	成交面积（万平方米）
上海	2 952	1 750	昆明	627	857
杭州	2 574	1 464	常州	626	861
广州	2 564	1 275	长沙	614	866
南京	2 094	1 748	沈阳	586	1 403
北京	1 957	485	南昌	579	1 106
武汉	1 840	2 011	贵阳	573	1 404
宁波	1 366	964	南宁	515	702
佛山	1 357	1 129	惠州	507	1096
成都	1 311	1 701	太原	481	952
重庆	1 255	1 979	扬州	454	811
苏州	1 183	1 095	徐州	435	1 128
西安	1 058	1 947	临沂	419	1 022
深圳	1 054	318	合肥	395	562
天津	1 017	1 782	石家庄	395	702
福州	896	532	珠海	384	653
无锡	763	586	乌鲁木齐	379	1 938

主要城市	出让金（亿元）	成交面积（万平方米）	主要城市	出让金（亿元）	成交面积（万平方米）
青岛	757	1 811	盐城	367	976
郑州	725	933	大连	327	732
东莞	712	682	唐山	324	1 621
长春	683	2 547	哈尔滨	324	851
济南	680	1 565	中山	286	344
绍兴	666	706	烟台	274	794
南通	665	1 084	台州	266	414
温州	655	436	潍坊	264	1197
厦门	637	448	威海	242	1401

基于上述对工农关系、农业政策演变的分析，可得出如下基本结论：

首先，农业对工业的支持方式已发生深刻变化。以往研究多关注工农业产品的不等价交换，即"剪刀差"问题；改革开放以来尤其是 21 世纪以来，随着我国经济不断发展，工业化背景下、城镇化进程不断推进，农业劳动力大量转移，同时大量农业要素流失，农业用地转换为工业、城市建设用地。工业对农业的索取，已从廉价获取剩余农产品，逐步升级到廉价、大量获取生产要素。

其次，农业对工业的支持力度持续加大。新中国成立初期，我国严格控制农村人口流动，城乡处于明显的分割状态，呈现"二元"经济形态，农业对工业支持形式主要为提供廉价剩余产品（以粮食为主）；改革开放以来，我国逐渐放开劳动力流动，国家逐渐开始补贴农业，集中体现为以 2006 年全面取消农业税为代表的一系列农业补贴政策。但是，由于宏观经济系统和经济政策的巨大惯性，在这个持续至今时间并不长的转变过程中，实际上农业在人、财、物、地等方面已经且正在付出的更多，尤其是土地方面，折算货币金额以万亿计。

再次，基本生产要素流失动摇了农业根基。剩余产品的增加是扩大再生产的前提，以"剪刀差"形式获取农业剩余产品已经严重影响农业扩大再生产；改革开放以来大量农业劳动力（以青壮年劳动力为主）进城、务工，工业化、城市化不断推进,低价、大量征用农村土地,基本生产要素的全方位流失造成农村"空心化",农业大量"失血",导致农业生产乏力和农村环境恶化等严重问题。

最后,现阶段农业补贴政策掩盖了工农关系本质。21 世纪以来对"三农"的支持范围和力度在扩大,但政策资金相当大一部分来源于 1994 年分税制改革后形成、目前已呈现"尾大不掉"态势的土地财政,本质上是取自土地、用于农村,可能只是"少取"而很难说是"工业反哺农业、城市支援农村"。工业能否有效反哺农业,从根本上取决于工业,尤其是制造业的发展水平。

5.1.2 工业反哺农业形式和特点

对于工业反哺农业的主要形式和实现途径,学界以及政府部门均进行了有益探索和实践。

第一,工业通过工业化成果支持农业发展。即通过农业机械、化肥、水利、电气化水平等一切工业化产品在农业生产中实现广泛应用,实现对农业的反哺。将已有的工业化技术成果应用于农业生产,为农业发展提供所需的现代化生产资料和物质技术装备,是改变传统农业生产方式,提高农业的生产经营效益的重要途径(简新华、何志扬,2006)。从当今信息化和科技发展趋势来看,大数据、人工智能、农业机器人等技术工具,是工业化未来发展的重要领域。事实上,无论是传统还是现代意义上的工业化成果,对提高农业生产水平、促进农业规模经营扩大具有积极影响,只不过在不同发展阶段的适用性和重要性不尽一致。虽然目前我国农业机械化水平在国际上或相对于其他产业并无优势可言,但仍在过去的二十年中对农业生产效率的提高、粮食安全的保障、农民增产增收等方面起到了积极作用(Ma et al.,2018;Pan et al.,2018)。

第二,有研究认为,工业支持农业发展的另一个维度是以工业化方式,亦即,以工业的标准、质量意识和管理方法,在农业生产中引入分工协作,通过资源要素的优化配置,实现有限资源的合理利用,提高农业资源利用效率(栾群,2016)。

第三,通过政策或制度实现对农业的支持。也是工业反哺农业的重要形式之一。比如 2000 年以来国家实施的农村税费改革、财政支农相关政策等,在政策上对农业农村予以适当的倾斜与扶持,优化了农业发展环境(任保平,2005),包括 2004 年以来农机购置补贴政策的实施,通过补贴政策实现工业对农业的支持,加速了工业化成果对于农业生产应用的过程;合理地进行制度建设(代娟,2014),近年来国家陆续对土地制度、户籍制度等进行改革和试点工作,是从制度方面对农业实现反哺的有益尝试。

"工业反哺农业"方针,意味着农业先用自身的积累来支持工业的发展,后期工业在"长成"之后对农业进行"回报"。为了支持工业,农业在初期做出了巨大的牺牲,这是许多农业国家经济发展的一般规律。但是,工业何时具备反哺农业的能力则难以判断。本章拟从农业机械对农业劳动力的边际替代率和替代弹性的角度,提出工业支持农业发展的理论依据,然后用实际资料检验这一理论依据是否成立,从而来判断工业支持农业相关情况。

农业机械作为农业生产中工业产品和技术的主要载体,其应用和效率直接体现了工业支持农业的情况。通过考察农业机械和劳动力的替代弹性和边际替代关系,不仅对工业支持农业发展的综合效果形成初步评价,亦是后续开展农业机械化问题分析的基础。

一是,弹性反映了农业机械是否能够替代劳动力,以及在多大程度上替代劳动力;二是,考虑要素的相对价格,在边际成本上升、边际效用下降的一般规律作用下,当两种要素边际技术替代率等于其价格之比时,要素投入达到最优组合。此种理想状态下总成本最小,在现实中固然难以达到,但就机械替代劳动力而言,在总产量不变的前提下,若要使此种替代具有经济性,则总成本至少不应增加;亦即,增加的机械边际成本应小于或等于其替代的劳动力的边际成本,即农业机械和劳动力的边际替代率应大于两者的价格反比,这两个指标的关系直接反映了农业机械替代劳动力的经济效果。

第一,通过农业机械对农业劳动力的边际替代率变化考察工业是否有能力支持农业发展。从经济学上讲,要素间的替代关系是由要素间的相对价格决定的,即要素的相对价格会影响生产要素的替代关系。当某种要素的价格上升引起生产成本上升时,生产者或企业会选择使用其他要素进行替代。当农业劳动力价格上升,农业生产者更倾向于使用机械来替代劳动力投入。根据要素替代与投入优化理论,在总产量不变的条件下,增加的农业机械的边际成本必须少于或等于替代劳动力的边际成本,其经济假设可表述为:

$$\Delta K \times P_K \leq \Delta L \times P_L \tag{5-1}$$

上式中,K 为农业机械投入,L 为劳动力投入,P 为相应要素的价格。换一种形式来看,农业机械对农业劳动力的边际替代率($\Delta L / \Delta K$)须大于或等

于二者的价格反比(P_K/P_L),其经济假设可表述为:

$$\Delta L/\Delta K \geqslant P_K/P_L \tag{5-2}$$

然而,表5-3的估计结果显示,大部分年份中,农业机械和农业劳动力的边际替代率,都小于两者的价格反比。该结果从理论上可以说明,农业机械的边际替代效果不理想,也预示着工业难以为农业提供物美价廉的机械装备。事实上,也有研究发现,随着农村劳动力成本的上升,我国农业机械的投入水平并未显著提高(林善浪等,2017)。

值得注意的是,除2016年农业机械总动力统计口径发生变化以外,2013年以后年份的农业机械和农业劳动力的边际替代率均大于或等于两者的价格反比。这说明近年来农业机械开始显现出有效替代农业劳动力的趋势;但两者边际替代率与价格反比的差异仍不显著,说明农业机械替代劳动力的经济效益有待进一步提升。

表5-3　历年农业机械总动力和农业劳动力边际替代关系变化

年份	P_K	P_L	ΔL	ΔK	$\Delta L/\Delta K$	P_K/P_L
1981	85	77	−488	1 367	−0.36	1.10
1985	100	100	−262	1 415	−0.19	1.00
1989	138	122	−976	1 492	−0.65	1.13
1990	145	117	−5 689	641	−8.88	1.24
1991	150	134	−184	681	−0.27	1.12
1995	241	167	1 098	2 316	0.47	1.44
2000	224	223	−274	3 577	−0.08	1.01
2005	217	298	1 388	4 370	0.32	0.73
2006	220	327	1 501	4 124	0.36	0.67
2007	224	343	1 210	4 067	0.30	0.65
2008	244	372	808	5601	0.14	0.66
2009	246	429	1 033	5 306	0.19	0.57
2010	250	524	960	5 284	0.18	0.48
2011	261	631	1 336	4 954	0.27	0.41
2012	267	860	821	4 824	0.17	0.31
2013	268	1 012	1 602	1 348	1.19	0.26

年份	P_K	P_L	ΔL	ΔK	$\Delta L/\Delta K$	P_K/P_L
2014	270	1 090	1 381	4 150	0.33	0.25
2015	269	1 126	871	3 672	0.24	0.24
2016	270	1 158	423	−14 482.5	−0.03	0.23
2017	274	1 182	552	1 537.7	0.36	0.23
2018	279	1 245	686	1 588.4	0.43	0.22

注解：$\Delta L = L_t - L_t + 1$（正值表示农业劳动力逐年减少），$\Delta K = K_t + 1 - K_t$（正值表示农业机械总动力逐年增加）；P_K 是农业机械价格指数（1985 年为基数），2017—2018 年农业机械价格指数 P_K 由《中国统计年鉴》中"机械化农具价格指数"（以上年为 100）折算得到；P_L 是农业劳动力工值（元/天）变动指数（1985 年为基数），2017—2018 年农业劳动力工值 P_L 由《全国农产品成本资料汇编》中"三种粮食—每亩人工成本—雇工工价"按照实际金额折算得到；K 是农业机械总动力（万千瓦），L 是第一产业就业人数（万人）。除农业劳动力工值来自国家发改委的《中国农产品生产成本和收益汇编》外，其它原始数据均来自《中国统计年鉴（2017—2019）》。

第二，农业机械与劳动力替代弹性的变化也可体现工业支持农业的实际状况。上文已经指出工业反哺农业的重要途径是农业机械替代农业劳动力，劳动力投入数量越来越小而机械投入量越来越大，即机械和劳动力的替代弹性大于 1，其经济假设可表述为：

$$E = \left[\frac{\Delta K/K}{\Delta L/L} \right] \qquad (5-3)$$

资本—劳动替代弹性，由希克斯在《工资理论》（Hicks，1932）中提出，体现了增长中资本和劳动收入份额的变化（陈晓玲、连玉君，2012）。E 定义为资本—劳动投入比的变化率与这两种要素相对价格变化率的比值，它反映了资本—劳动相对价格的变化率对两种要素投入比的影响。若 $E \geqslant 1$ 则为替代关系，若 E 小于零，则为互补关系。替代弹性反映了经济体中要素相对价格的变化对生产要素（资本和劳动力）配置比例的影响。

观察表 5-4 可发现，2005 年之前大多数弹性系数为负，说明各种生产要素投入不足。2005 年后弹性系数为正。但值得注意的时，除个别年份外，大部分弹性系数均小于 1，说明农业机械替代劳动力的效果并不明显。或者说，大多数年份机械和劳动力没有产生替代关系。这意味着，我国大量农村劳动力转移，也许不是农业机械替代的效果，而是因农业劳动力剩余过多造成的。

从不同类型的农机来看,除2016年农业机械总动力统计口径发生变化以外,2013年以来农业机械总动力的替代弹性大于1,说明总体上农业机械能实现对农业劳动力的替代。具体而言,大中型拖拉机的替代弹性小于1,说明其替代效果有限;小型拖拉机的替代弹性在多数年份中小于零,说明小型拖拉机和农业劳动力呈补偿关系;农用排灌柴油机的替代弹性波动较大,替代和补偿关系效果均较大。

表5-4　历年农业机械化和农业劳动力替代弹性变化

年份	农业机械总动力	大中型拖拉机	小型拖拉机	农用排灌柴油机
1980	−0.181	−0.160	−0.155	−0.143
1985	−0.124	4.616	−0.061	−0.095
1990	−6.550	3.428	−2.330	−2.131
1995	0.482	−0.974	0.653	0.323
2000	−0.112	−0.147	−0.150	−0.081
2005	0.650	0.209	0.881	0.659
2006	0.806	0.251	1.797	0.764
2007	0.763	0.236	1.244	1.011
2008	0.396	0.087	0.450	1.225
2009	0.590	0.241	2.197	1.197
2010	0.603	0.332	1.759	0.918
2011	0.991	0.457	3.573	2.215
2012	0.677	0.347	−4.079	5.274
2013	5.110	0.836	−2.584	−6.434
2014	1.578	0.841	−4.657	41.864
2015	1.209	0.613	−2.532	−9.980
2016	−0.132	0.334	−1.047	−1.241
2017	2.037	−0.088	0.291	−0.033
2018	1.688	0.775	−1.929	／*

注解:弹性公式定义为:$[(L_t-L_{t+1})/L_t]/[(K_{t+1}-K_t)/K_t]$,式中$L$为第一产业就业人数(万人),$K$分别代表农业机械总动力(万千瓦)、大中型拖拉机数量(万台)、小型拖拉机数量(万台)和农用排灌柴油机(台)。原始数据来自《中国统计年鉴(2017—2019)》。式中假定第一产业就业人数逐年减少,各种农业机械投入逐年增加。因此,表中正值表示机械和劳动力的替代关系;反之为补偿关系。

*《中国统计年鉴2019》并未包括2018年的农用排灌柴油机数量。

5.2 工农协调发展测度

5.2.1 协调指标体系

工业与农业部门间存在密切的互动关系。工业为农业提供先进的生产资料,提升农业生产能力,促进农业现代化进程,而农业则为工业提供农产品和劳动力、资本、土地等生产要素,并为工业产品提供市场需求(曹俊杰、刘丽娟,2014)。"农业支持工业"和"工业反哺农业"本质上都是工农关系在国民经济发展特定阶段的体现形式,国民经济发展的最终目标是实现工农或城乡协调发展(曹俊杰,2016),即工农互动过程中要素的自由流动、均衡配置和平等交换(罗明忠、刘子玉,2021)。

现阶段工农协调发展的主要任务仍是以工促农,亦即,有效提升农业生产力和竞争力。因此,借鉴龚勤林、邹冬寒(2020),曾福生、刘俊辉(2018),以及祝树金和钟腾龙(2014)的研究方法,以农业为主体设计工农协调发展指标体系,从发展水平、发展潜力、财政支持、产业融合、利益协调、技术互助等六个层面,来综合衡量工农协调发展关系。其中,发展水平层面选择劳动生产率比指标,直观反映农业与工业的相对发展水平;发展潜力层面选择农业固定资产投资占比指标,衡量农业投入力度和长期发展潜力;财政支持力度层面选择财政支农资金占比指标,衡量政府对农业发展的整体支持力度;产业融合层面选择农产品加工业产值占比和农民工资性收入占比指标衡量农业、农民与工业的融合度;利益协调层面基于农业部门生产农产品并交换工业产品用于消费和再生产的基本逻辑,选择工农产品交换比价以及农产品与农业生产资料比价两项指标;技术互助层面选择人均耕作面积指标,既综合体现了工业为农业提供物质装备、替代劳动力、扩大经营规模的整体效果,又能在一定程度上反映农业基础禀赋中的人地关系,农业人均用电量指标则直接反映工业对农业的能量供给水平和农业集约化发展水平。各项指标的计算方法见表5-5。

表 5-5　工农协调发展测度指标体系

一级指标	二级指标	计算方法	极性
发展水平	劳动生产率比	第一产业人均 GDP/第二产业人均 GDP	+
发展潜力	农业固定资产投资占比	农林牧渔固定资产投资/全社会固定资产投资	+
支持力度	财政支农资金占比	财政农林水事务支出/财政一般预算支出总额	+
产业融合	农产品加工业产值占比	农产品加工业产值/工业增加值	+
	农民工资性收入占比	农民人均工资性收入/农民人均可支配收入 *	+
利益协调	工农产品交换比价	农产品生产者价格指数/工业品出厂价格指数	+
	农产品与农业生产资料比价	农产品生产者价格指数/农业生产资料价格指数	+
技术互助	人均耕作面积	农作物总播种面积/农村人口数	+
	农业人均用电量	农林牧渔业用电量/农村人口数	+

注：指标极性为正向（+）即数值越大越优；＊2014 年前为农民人均纯收入。

5.2.2　数据和方法

　　第一产业和第二产业人均 GDP 分别由第一产业和第二产业 GDP 和就业人数计算，原始数据来源于《中国统计年鉴》和各省统计年鉴；财政农林水事务支出、财政一般预算支出总额、农产品生产者价格指数、工业品出厂价格指数、农业生产资料价格指数、农村人口数来源于《中国统计年鉴》；农林牧渔业固定资产投资、全社会固定资产投资来源于《中国固定资产投资统计年鉴》，2018 年数据来源于《中国投资领域统计年鉴》；农产品加工业产值来源于《中国农产品加工年鉴》，工业增加值来源于国家统计局和各省统计年鉴；农民人均工资性收入、人均可支配收入来源于《中国农村统计年鉴》；农作物总播种面积来源于《中国农业年鉴》；农林牧渔业用电量来源于《中国能源统计年鉴》。个别省份年份缺失数据采用线性插值法补缺，西藏自治区由于相关数据缺失较多，予以剔除，故本章研究对象为全国和 30 个省、市、自治区。

　　2004 年，农业税费改革在前期试点基础上进入深化阶段，《中华人民共和国农业机械化促进法》颁布实施，我国开始实施农机购置补贴政策。"工业反哺农业"的趋势逐渐开始显现，这一年也被学术界广泛认为是工农关系发生阶段性变化的转折点。由于数据来源较多，限于相关原始数据的可获得性，选择 2004—2018 年为研究时段。

参考杨丽和孙之淳(2015)的做法,选用面板熵权法对工农协调发展指标体系的 9 个指标进行赋权,测算工农协调发展水平,具体步骤见前文4.3.2 节。熵权法测算所使用的指标标准化值取值区间均为 0 ~ 1,数值越高越优,其测算结果为各项指标标准化值的加权求和,取值范围亦为 0 ~ 1,且数值越高越优。根据研究对象的性质,参考龚勤林和邹冬寒(2020)、曾福生和刘俊辉(2018)、郭俊华和许佳瑜(2017)的划分方法,将工农协调发展水平划分为 10 个等级:极度失调(0 ~ 0.1),严重失调(0.1 ~ 0.2),中度失调(0.2 ~ 0.3),轻度失调(0.3 ~ 0.4),濒临失调(0.4 ~ 0.5),基本协调(0.5 ~ 0.6),初级协调(0.6 ~ 0.7),中级协调(0.7 ~ 0.8),良好协调(0.8 ~ 0.9),优质协调(0.9 ~ 1)。

5.2.3 结果与讨论

依据表 5-5 所列的指标体系,采用熵权法测算全国和 30 个省、市、自治区 2004—2018 年间的工农协调发展水平。测算结果见表 5-6 和表 5-7。

表 5-6 2004—2010 年全国及各省市自治区工农协调发展水平测算

省份	2004	2005	2006	2007	2008	2009	2010
全国	0.236	0.222	0.236	0.260	0.256	0.275	0.290
北京	0.268	0.297	0.300	0.322	0.316	0.332	0.331
天津	0.217	0.251	0.264	0.263	0.250	0.282	0.286
河北	0.290	0.298	0.301	0.327	0.311	0.364	0.367
山西	0.181	0.173	0.182	0.193	0.170	0.242	0.245
内蒙古	0.346	0.309	0.330	0.344	0.338	0.371	0.393
辽宁	0.234	0.217	0.236	0.251	0.233	0.267	0.265
吉林	0.289	0.244	0.249	0.264	0.249	0.287	0.283
黑龙江	0.279	0.277	0.293	0.335	0.347	0.396	0.391
上海	0.216	0.195	0.193	0.202	0.207	0.229	0.245
江苏	0.258	0.221	0.225	0.253	0.255	0.269	0.279
浙江	0.266	0.257	0.247	0.258	0.257	0.277	0.299
安徽	0.237	0.218	0.222	0.253	0.251	0.273	0.260
福建	0.219	0.226	0.225	0.245	0.243	0.260	0.274

省份	2004	2005	2006	2007	2008	2009	2010
江西	0.285	0.249	0.244	0.271	0.273	0.287	0.260
山东	0.234	0.248	0.260	0.295	0.295	0.324	0.345
河南	0.246	0.217	0.223	0.269	0.274	0.310	0.317
湖北	0.247	0.218	0.229	0.272	0.276	0.282	0.297
湖南	0.296	0.257	0.268	0.316	0.314	0.316	0.341
广东	0.206	0.214	0.222	0.234	0.240	0.233	0.251
广西	0.226	0.214	0.223	0.256	0.245	0.258	0.255
海南	0.317	0.292	0.282	0.279	0.287	0.320	0.291
重庆	0.209	0.176	0.171	0.206	0.204	0.201	0.215
四川	0.262	0.234	0.241	0.283	0.272	0.271	0.270
贵州	0.191	0.170	0.177	0.187	0.192	0.213	0.213
云南	0.228	0.213	0.212	0.235	0.242	0.255	0.250
陕西	0.240	0.203	0.210	0.227	0.222	0.252	0.283
甘肃	0.280	0.256	0.268	0.280	0.286	0.311	0.302
青海	0.163	0.129	0.143	0.182	0.177	0.201	0.226
宁夏	0.327	0.297	0.314	0.337	0.339	0.357	0.342
新疆	0.281	0.289	0.263	0.334	0.341	0.362	0.390

表 5-7 2011—2018 年全国及各省市自治区工农协调发展水平测算

省份	2011	2012	2013	2014	2015	2016	2017	2018
全国	0.302	0.305	0.323	0.319	0.343	0.350	0.313	0.317
北京	0.342	0.356	0.368	0.359	0.356	0.342	0.341	0.346
天津	0.302	0.332	0.347	0.341	0.355	0.370	0.336	0.330
河北	0.337	0.335	0.351	0.365	0.393	0.385	0.352	0.377
山西	0.243	0.257	0.313	0.315	0.367	0.384	0.314	0.280
内蒙古	0.412	0.377	0.404	0.431	0.456	0.460	0.517	0.527
辽宁	0.275	0.289	0.296	0.298	0.300	0.319	0.286	0.306
吉林	0.295	0.293	0.305	0.319	0.352	0.352	0.327	0.365

省份	2011	2012	2013	2014	2015	2016	2017	2018
黑龙江	0.426	0.458	0.492	0.521	0.597	0.619	0.636	0.562
上海	0.243	0.238	0.254	0.263	0.250	0.248	0.226	0.214
江苏	0.290	0.306	0.317	0.315	0.342	0.354	0.317	0.322
浙江	0.307	0.311	0.327	0.317	0.331	0.337	0.303	0.289
安徽	0.258	0.271	0.285	0.280	0.302	0.306	0.270	0.276
福建	0.293	0.299	0.314	0.318	0.339	0.360	0.333	0.351
江西	0.258	0.281	0.288	0.286	0.312	0.315	0.282	0.271
山东	0.335	0.344	0.367	0.357	0.386	0.382	0.339	0.332
河南	0.321	0.324	0.336	0.334	0.371	0.374	0.336	0.327
湖北	0.280	0.297	0.309	0.303	0.306	0.342	0.302	0.283
湖南	0.349	0.336	0.285	0.272	0.289	0.304	0.275	0.293
广东	0.270	0.275	0.279	0.262	0.272	0.277	0.250	0.271
广西	0.283	0.263	0.285	0.265	0.285	0.304	0.296	0.298
海南	0.294	0.315	0.317	0.341	0.364	0.383	0.359	0.360
重庆	0.235	0.229	0.241	0.219	0.228	0.244	0.206	0.213
四川	0.281	0.269	0.273	0.265	0.292	0.313	0.297	0.302
贵州	0.224	0.210	0.221	0.216	0.259	0.287	0.279	0.328
云南	0.247	0.258	0.260	0.271	0.299	0.308	0.297	0.311
陕西	0.287	0.264	0.294	0.280	0.303	0.313	0.304	0.331
甘肃	0.298	0.320	0.336	0.331	0.362	0.371	0.330	0.346
青海	0.203	0.188	0.206	0.196	0.201	0.226	0.185	0.195
宁夏	0.338	0.348	0.383	0.399	0.431	0.452	0.452	0.441
新疆	0.371	0.422	0.508	0.535	0.580	0.597	0.537	0.513

第一,分析工农协调发展水平的变化趋势。2004—2018 年间,全国工农协调发展水平呈稳定上升趋势,由中度失调上升至轻度失调区间,近年来曾略有下降。各省、市、自治区工农协调发展水平整体变化趋势与全国相似,多数由中度失调上升至轻度失调区间。内蒙古、黑龙江、新疆上升幅度较大,近年来已进入基本协调或初级协调区间;上海、浙江、广东、广西、重庆、

四川、青海等省、市、自治区变化幅度不大,大多仍处于中度失调区间。

第二,分析影响工农协调发展的具体因素。参照熵权法计算的各项二级指标权重(表5-8),可得出以下导致各省份工农协调发展水平差异的原因:

表5-8 熵权法计算工农协调发展指标权重

一级指标	二级指标	极性	权重
发展水平	劳动生产率比	+	0.11
发展潜力	农业固定资产投资占比	+	0.14
财政支持	财政支农资金占比	+	0.07
产业融合	工农产业融合度	+	0.10
	农民与第二、三产业融合度	+	0.07
利益协调	工农产品交换比价	+	0.04
	农产品与农业生产资料比价	+	0.03
技术互助	人均耕作面积	+	0.14
	农业人均用电量	+	0.30

首先,部分省份农业劳动生产率偏低且增长缓慢。劳动生产率比指标权重达11%,说明各省农业相对于工业的整体发展水平差异较大。具体来说,2004年江西该项指标为29.8%,位居各省首位,而青海仅为2.6%,相差10倍多;2018年黑龙江为33.5%,浙江亦上升至33.1%,青海则缓慢增加至4.2%,相差仍有近7倍。从全国的情况来看,2004年,第一产业人均GDP为6 002元,仅为第二产业人均GDP的13.5%;2004—2016年,第一产业、第二产业人均GDP之比逐年上升,2013年后曾超过20%,2016—2018年又呈下降趋势,2018年为18.7%。需要说明的是,该项指标并不直接反映工农产业各自的发展水平,较高的数值也可能是工业发展水平较低造成的;但从工农协调的角度来看,劳动生产率直接反映产业的整体发展水平,这一结果说明我国农业与工业的整体发展差距仍然较为巨大。

其次,部分省份农业固定资产投资占比偏低且增长缓慢。农业固定资产投资占比指标权重达到14%,说明各省农业投入力度和长期发展潜力差异较大。具体来说,2004年新疆该项指标达10.7%,为各省最高,而北京仅为 0.36%,相差近 30 倍;2018 年黑龙江为 10.9%,贵州亦上升至 10.3%,而上海仅为 0.05%。当然,不同省份的经济禀赋、产业结构和所处的发展阶段不同,这也是造成以上差异的重要原因。从全国的情况来看,2004 年,全国农林牧渔固定资产投资 1 890.7 亿元,仅占全社会固定资产投资的 2.7%,到 2018 年这一比例缓慢增加至 4.5%。固定资产投资决定产业的长期发展潜力并反映全社会对产业发展前景的预期,这一结果说明我国农业投入力度不足,长期发展乏力。

最后,部分省份农业经营规模偏小,技术互助程度较低。人均耕作面积、农业人均用电量两项指标权重合计达 44%,说明技术互助是工农协调的主要机制,也是制约我国工农协调发展的重要因素。具体来说,以农村人口数计算,2004 年黑龙江人均耕作面积为 8.03 亩,为各省最高,而北京仅为 1.53 亩,为黑龙江的 20% 左右;2018 年,黑龙江上升至 14 亩,上升了 74.3%,而北京则下降至 0.54 亩,下降了 64.7%,差距进一步扩大。当然,不同省份种植结构不同,以粮食生产为主的省份该项指标标准化值相对较高,这也是造成以上差异的重要原因。从全国的情况来看,2004 年全国人均耕作面积为 3.04 亩,至 2018 年缓慢增加至 4.41 亩,说明我国农业整体经营规模仍然偏小,也反映出工业化、城镇化进程中户籍、社保等政策配套未能及时跟上,农村人口工业化、市民化的制度障碍依然存在。农业人均用电量方面,以农村人口数计算,2004 年北京农业人均用电量为 341 千瓦时,为各省最高,重庆仅为 20.9 千瓦时,相差 15 倍左右;2018 年新疆农业人均用电量达 977 千瓦时,重庆仅为 37.6 千瓦时,相差达 27 倍。从全国的情况来看,全国农业人均用电量从 2004 年的 101.6 千瓦时增加至 2018 年的 220.3 千瓦时,增加了 1.17 倍,而同期全国发电量从 22 033.1 亿千瓦时增加至 71 661.3 亿千瓦时,增加了 2.25 倍,这说明我国工业的发展未能有效带动农业生产集约化水平同步提升。

5.3 影响协调的制度因素

制度是解构工农城乡关系形成和演化规律的关键(张露、罗必良,2021),我国工农关系的形成和协调水平较大程度上反映出制度因素的重要影响。营造有利的制度和政策环境,对于补齐农业现代化短板、实现工农协调发展的目标具有重要意义。

历史上,通过统购统销、工农产品价格"剪刀差"等形式为工业提供了大量农业剩余。从人民公社到家庭联产承包责任制的实施,大量农业劳动力得以释放满足了工业化发展的要求,但户籍制度强化了我国二元经济结构;分税制改革激发了工业化和城市建设的活力,同时也带来了土地财政、地方债务等诸多问题。农民仍无法平等参与到工业化、城镇化过程中,资源要素双向流动机制尚未建立(邹一南,2020),工业化、城镇化过程中资源向城市和工业集中,仍不断汲取农业要素资源(迟梦筠、龚勤林,2015)。实现协调发展的目标,不是单纯向农业农村增加投入,而是首先需营造适合协调发展的制度环境。在发展不协调、不平衡的问题日渐突出的情况下,深化改革打破制度约束、营造有利于工农协调发展的制度环境已是当务之急。本节内容将目光聚焦于影响工农协调发展的主要制度因素,分析我国工农差距形成的原因和背景,引发对制约协调发展、同步发展的深层次思考。

长期形成的二元结构及现行制度造成工农要素配置失衡,对工农协调发展已形成了严重制约。构建协调发展的工农关系,需在明确发展目标、把握现状基础上,思考现行的制度或体制是否具有包容性和公平性、是否有利于要素资源的平等互换。下面从同步发展的一些相关制度性因素如土地、户籍、行政和高等教育方面,分析这些制度对实现工农关系协调发展、同步发展的主要影响。

5.3.1　土地制度

土地为人类生活、生产提供基本空间条件和生产资料,土地制度是"三农"领域的基本制度。我国实现协调发展必须解决的最大问题,就是通过农村土地制度创新,最大限度地激发农民的生产积极性(包括农业生产和非农就业),在实现各种生产要素合理配置的同时,保护农民的基本权益。

改革开放以来,我国农村土地制度经历了以"包产到户"、废除人民公社、全面实行家庭承包经营为代表的确立阶段,以稳定承包关系并完善相关立法、全面取消农业税、推进承包地流转为代表的完善阶段和党的十八大以来以建立"三权分置"制度、完成全国承包地确权颁证、延长第二轮土地承包期30年、建立健全农村土地产权流转交易制度、统筹推进农村土地征收、集体经营性建设用地入市、宅基地制度改革等为代表的深化阶段(韩长赋,

2019),取得了巨大的发展成就,促进农村经济社会发展的制度绩效充分显现。但目前,我国农村土地制度仍存在以下问题:

第一,土地产权主体仍待明晰。农村土地归"集体"所有的主体不明确,模糊的产权关系(Zhou et al.,2020)、农地用途非农化的巨额收益和发展进程中利益集团的博弈三方结合,在加速农地"非农化"趋势的同时严重损害了农民的基本权益。农民失去承包地得不到应有的补偿和保障,从而不愿放弃土地或进城就业,形成了大量兼业农户(曲福田、田光明,2011)。根据2019年《中国统计年鉴》,从1978—2018年,我国第一产业就业人数占比从70.5%下降到26.1%;2018年有1.39亿农村人口从事非农就业,占农村就业人员总数的40.7%。农村集体经济的比重不断降低却始终未能找到清晰的功能定位和有效的运转形式,农村土地"集体所有"的基本前提在一些地方却出现了"虚置"的现象(韩长赋,2019)。

第二,产权实现机制仍不完善。合法的转让权带来充分的收益权,这是实现财产权的关键;但现实中,主体不明晰造成产权不完整,使农民不能有效获得产权收益,扭曲了土地要素配置,使得产权效率低下。虽然2002年颁布的《农村土地承包法》,2007年颁布的《物权法》以及2009年颁布的《农村土地承包经营纠纷调解仲裁法》等法律已对农村土地承包经营权的属性、取得、占有、使用、流转、收益等进行了明确,完善了法律框架,但在面临征地等涉及农地"非农化"巨大利益的关口,农民组织化程度低、依法行使土地权利能力不足,侵害农民土地权益的现象频频发生(阮建青,2011)。

第三,土地市场城乡割裂。根据自然资源部的推算,我国农村集体经营性建设用地约4 200万亩,占集体建设用地总量的13.3%(韩长赋,2019)。按照我国现行土地法律,农村集体建设用地不能直接进入市场,只能通过征地,转为国有土地才能入市交易。这种对农村土地的产权歧视导致城乡土地市场割裂(曲福田、田光明,2011),低价征用扭曲土地市场供需,使农村土地"非农化"的大部分收益落入政府和开发商手中,农户仅得到很少的补偿(叶盛、岳文赫,2009)。王梦奎(2004)调查了全国2 942个失地农户,发现有46%的农户生活水平下降,20%多的农户被迫赋闲在家,仅有2.7%的农户被安置就业;陈锡文(2008)估算了1979—2000年间,国家通过征地从农民手里拿走了大约2 000亿元;新世纪以来此项更数以万亿计。虽然目前已经开展了农村集体经营性建设用地入市改革试点,但仍存在产权归属不明确、增值收益分配不公平、土地抵押担保权能缺失等问题,距建立"城乡统一"的建设用地市场仍有相当距离。

我国工业化、城镇化正快速推进,而目前农村土地制度的上述缺陷造成了大量侵犯农民土地权益的现象(曲福田、田光明,2011;韩俊,2009 & 2011),未能满足农村劳动力大量转移、分化背景下加大农民土地权益保护力度的迫切要求(韩长赋,2019),资源配置效率低下,已成为导致城乡要素配置不畅、发展失衡、发展不同步的最大障碍(刘守英,2018;河南调查总队综合处课题组,2010;马凯、钱忠好,2009)。

5.3.2 户籍制度

我国的户籍制度是新中国成立初期为了实现快速发展、提升国家能力的一种制度安排。通过户籍人口的管理,根据地域和家庭关系将户籍属性划分为农业户口和非农业户口,是造成城乡二元经济结构的重要原因。在特定的发展阶段,户籍制度对我国公共社会服务、基本消费品供应、土地管理、就业保障等方面,起着重要的支撑作用(王魏,2010)。但是随着社会的发展,户籍制度的种种弊端逐渐显现,成为阻碍经济社会发展的重要因素。户籍制度的建立和改革是国家建设理念和制度绩效互动的结果(别红暄,2019),户籍制度改革是我国重磅举措,可以有效促进劳动力流动和资源要素的有效配置,促进合理的利益分配机制的形成、缩小城乡差距、促进城乡融合发展,是实现同步发展必须解决的重点问题之一。目前我国户籍制度还存在几个主要问题:

第一,历史上户籍制度形成和固化带来的影响根深蒂固,使户籍改革在发展高质量城镇化、缩小城乡差距方面作用受限。户籍制度的存在,导致中国城乡分割严重,扩大了城乡收入差距(Whalley & Zhang,2007);当制度瓶颈较大,或者没有伴随其他制度性改革的实施,户籍制度改革的影响效应并不显著(别红暄,2019)。

第二,户籍制度带来的城乡二元矛盾,是城乡发展不平衡的重点体现。随着社会经济发展水平提高,现阶段"户口"价值仍然明显。户口不仅包括入学机会和资格、决定了中考和高考的难度,也决定着是否可以享受当前及未来各项社会保障和福利政策,甚至会带来城乡健康差异(Song & Smith,2019)。随着财富和资源将源源不断向大城市聚集,城乡收入福利差距也会逐渐扩大,长期来看不利于城乡要素的自由、合理流动(蔡昉,2010)。

第三,户籍制度改革实施以来,未能够实质性地解决机会均等和差距扩大的问题。当前,县城落户较为容易,在经济发达的大城市则不然。事实上,中国有 2.2 亿非农转移人口没有获得城镇户口,而且大量进城农民工子女的教育问题得不到妥善解决(王清志,2009);户籍制度改革的背景下,要实现市民权益与实际收入的均等化仍然很难(王凯风和陈利锋,2018;Song,2021;Zhou et al.,2021)。

5.3.3 行政资源

行政资源作为区域发展的基础,决定了其它资源的数量和质量(王树林,2009)。比如,首都或省会城市作为一个国家或地区的政治中心,能够得到中央或省政府的支持和关注,也能得到其他地区的关注与支持,对人才具有强大的吸引力。注意力经济学理论认为:现代社会中,注意力本身就是财富,获得注意力就意味着获得一种持久的财富(Davenport & Beck,2002)。公众注意力早已成为争取优势的重要来源。更多的关注必将带来更多的发展资源,吸引投资形成更大的价值链(杨鹏,2014 & 2013)。我国长期以来形成的行政资源布局存在以下问题:

首先,政治中心和行政管理中心主要是首都或省会城市,行政资源的分布极不平衡。比如首都北京是政治中心和行政管理中心,各个省会也是类似的效果。由行政资源吸引并使要素集聚,资源和财富越集中,区域发展差距越明显(Zhang & Bao,2015)。从 2019 年各省和大中城市生产总值可看出,全国有 22 个省会城市是该省的经济中心。例如,郑州市的 GDP 占河南省的 18.69%,石家庄的 GDP 占河北省的 17.33%,武汉市的 GDP 占湖北省的 32.4%,西安市的 GDP 占陕西省的 32.37%。其他省份见表5-9。

表 5-9 2019 年各省会城市生产总值占该省生产总值比例

省会城市	占该省生产总值比例(%)	省会城市	占该省生产总值比例(%)
石家庄	17.33	长沙	27.68
太原	22.81	广州	21.23
呼和浩特	16.87	南宁	18.96
沈阳	25.26	海口	28.45
长春	61.19	成都	32.91
哈尔滨	46.28	贵阳	22.65

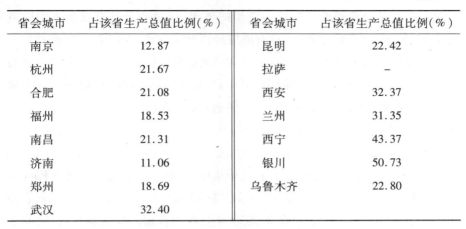

省会城市	占该省生产总值比例(%)	省会城市	占该省生产总值比例(%)
南京	12.87	昆明	22.42
杭州	21.67	拉萨	–
合肥	21.08	西安	32.37
福州	18.53	兰州	31.35
南昌	21.31	西宁	43.37
济南	11.06	银川	50.73
郑州	18.69	乌鲁木齐	22.80
武汉	32.40		

资料来源:《中国统计年鉴 2020》。

注解:济南市比例较低是因烟台和青岛所占比例较大。

　　其次,就发展机会而言,区域因现行行政资源布局出现不公平问题。大城市和省会城市因资源优势,投资和发展机会必然多于其他中小城市。这也引起了大量资源要素向大城市的聚集,导致中心城市发展动力过剩,而地方和中小城市发展动力不足,区域间发展不平衡,差距越拉越大。

　　再次,大城市出现蔓延式扩张,给环境造成了极大的压力。随着资源和要素向中心城市的流动和积聚,大中城市投资人口急剧增长,带来了"城市病"。更严重的是因人口增长过快带来的环境压力,直接造成了废弃物的增加,使中心城市在生态系统和经济系统发展上失调;在土地利用方面引发的激烈矛盾,造成了经济的畸形发展(王格芳,2012;Xiang et al.,2011)。

　　最后,政府职能错位也是我国行政体制的主要问题之一。总体而言,行政的职能在于管理而非参与,政府主要担任着组织者、管理者的角色,不可身兼两职。然而,我国的现实情况中,政府对市场经济的干预降低了生产效率,造成资源的浪费(张翔,2011);过多干预市场不仅造成资源的浪费,也带来了公共服务质量下降;非政府组织受到较大限制,在公共事务中的作用难以发挥。

5.3.4　教育资源

　　教育作为一种带有公共属性的资源,具有较强的公益性和社会性(邱均平、温芳芳,2010)。教育公平强调了每个公民实现平等学习和发展的机会均等。教育的公平程度既是社会进步的体现,也是衡量教育发展水平的重要标志(曲创、许真臻,2009);只有适应经济社会发展和需求,才能有效发挥教育在经济社会发展中的推动作用(郑若婷,2013)。俗话说,"再穷不能穷教育,再苦不能苦孩子",但我国受教育的城乡差距和阶层差距存在且不断扩大,使教育公平的问题日渐凸显(吴愈晓,2020)。要切实保障教育的公平,需优化和完善的教育的相关制度,从"同步发展"出发,实现教育公平。以下以我国高等教育制度为例,分析主要存在的问题:

第一,我国高等学校在分布上过于集中,地区间分布极不平衡(Peng et al.,2020;Yu et al.,2015)。高校一般位于大中城市,而在特大城市和中心城市的分布更加集中。比如教育部 2020 年公布的普通高校数量显示,北京的高校有 93 所,上海有 64 所,武汉有 83 所,西安有 63 所。几个大城市的高校数量几乎占了全国高校数量的一半。高校的数量也与当地人口数量严重不匹配,按照 2020 年《中国统计年鉴》中的人口数量来计算,2019 年河南省共有 9 605 万常住人口,全省高校仅 151 所,每百万人仅拥有 1.57 所高校;北京常住人口数量为 2 153.6 万,摊至 93 所高校来计算,每百万人能拥有 4.32 所高校;上海有 2 428.14 万人口和 64 所高校,意味着每百万人拥有 2.64 所高校。以上仅是普通高校的数量,还未计算"211 工程""985 工程"的数据。从目前我国"211 工程"建设的大学数量来看,全国共有 112 所,北京有 26 所,上海有 9 所,而河南作为人口大省几十年来只有 1 所,"985 工程"为零。

第二,从重点院校的招生情况来看,不同地区考生受高等教育的机会不均等,主要因为高校的招生和录取的政策存在差异。比如 2018 年,清华大学在北京计划招生 169 人,在河南仅仅计划招生 100 人,实际上北京本年度只有 6.3 万考生,而同年河南考生数量达到 98.38 万,北京和河南的学生在高考时面对的压力截然不同,意味着我国公民接受高等教育的起点、过程、结果公平,实际并非真正公平(Li,2011)。此外,重点院校还通过确定当地的招生比例等方式,制约了高等教育的公平竞争和接受教育的机会均等。

第三,教育资源分配的不合理使教育社会功能难以发挥。通常,我国教育部负责重点院校的财政投入,省属院校由地方财政负责。政府通过行政手段分配教育资源,对高校的利益和发展至关重要(李海燕等,2012),造成的直接结果是教育的社会功能难以充分发挥。

由于教育社会功能有限,高等教育对带动经济发展、缩小区域发展差距的作用也有限。高等教育主要为各地发展提供智力资源、科研成果推广应用,同时,通过基础设施建设、大学生消费,可以明显带动周边地区的经济发展。在发达国家,教育发挥强有力的减轻不平等的作用,而在中国却相反(科斯,2013)。从以上分析来看,目前我国高等教育的资源分布,使城乡、区域公平发展的问题更突出,长期来看不利于城乡和区域协调发展。

综上所述,"补齐短板"、优先发展农业农村,要保证政策供给(刘奇,2020),现阶段,面对工农差距和发展不协调问题,必须对现有相关的一些制度和体制进行改革。

首先,农村土地制度改革方面,根据刘守英(2018)提出"以农为本、以村而治、根植于土"特点,呈现出费孝通提出的"差序格局"的"乡土中国",经由农村人口的"代际革命",成为城乡互动、乡土变故土的"城乡中国",进而达于城乡文明共生、共融、共荣的"城市中国"三个阶段。2016 年,习近平总书记在安徽小岗村农村改革座谈会发表的重要讲话中指出,新形势下仍要处理好农民与土地的关系。高速推进的工业化、城镇化进程正在从农村大量获取土地、劳动力资源,农村劳动力大量转移、分化对于强化农民土地权益保护提出了更高要求。未来的土地制度改革要始终遵循生产关系适应生产力发展的客观规律,适应国家经济社会发展的新条件、新变化(韩长赋,2019),坚持问题导向,尊重农民的首创精神和主体地位(李军国和赵晓强,2020),发挥好政府引导、市场调节两个作用(韩长赋,2019),完善顶层设计,鼓励"摸着石头过河",处理好"稳定"与"放活"的关系为原则,按照研究探索—试点改进—立法推广的路径因地制宜、渐进改革,努力构建产权关系明晰、农地权能完整、市场作用充分、产权保护平等、法制体系完善的农地制度体系。具体来说,就是要继续稳定承包关系,落实承包地、宅基地"三权分置";在促进适度规模经营、培育新型农业经营主体的同时促进小农户与现代农业的有效衔接(韩长斌,2019);推进农地土地经营权抵押贷款等,促进其权能完整化;要强化耕地保护,为我国未来农业发展的基本条件提供切实保障;改革农村土地征收制度,完善农村基地经营性建设用地入市制度,实现城乡土地同等入市、同价同权。只有这样,才能适应我国过渡时期对土地制度提出的由提供经济激励的"发展工具"转变为提供产权保护的"保障体系"这一角色转换的要求(廖炳光,2019),与户籍制度等一系列改革配套与呼应,在有效促进现代农业发展的同时继续为工业化、城镇化源源不断地提供要素,并充分保障数量仍十分巨大的农民的合法权益,使他们更好地分享同步发展带来的成果。

其次,在户籍制度改革方面,尽管近年来学界对改革的效果看法不一,许多地区进行了探索和实践。总体来说,这些改革没有同步消除二元歧视性政策,即与城镇化发展、城乡发展相关的根本问题,比如务工人员就业、医疗、子女受教育等相关问题。户籍制度改革并非简单地换个户口本,改革必须与其他制度形成联动,当农村居民户籍转变后,仍可享受与城镇居民同等的待遇(杨重光,2000)。因此,除了彻底去除"户口特权",还需要打破地区分离、城乡隔离的人口管理体制,建立统一的管理体制。深化户籍制度改革需要结合城镇化的关键问题,建立和健全相关配套制度,建立统一的社会保障体系和公共资源使用制度。

再次,在行政体制改革方面,主要需要对资源布局、政府职能进行调整。一方面,政治中心和经济中心分开,各自发挥各自的功能作用,这样不但能带动更多地区经济的发展,也可以有效缓解大城市面临的巨大压力。另一方面,在不影响效率的情况下,也可以考虑为中小城市创造更多发展的机会,把政府行政机构分散到中小城市,从而缩小发展差距。此外,需重新对政府的职能进行界定,转变政府的工作目标,重点制定有利于竞争和缩小发展差距的宏观政策。

最后,在教育改革方面,教育公平的本质亦是资源的合理分配,关键在于解决城乡和东西部教育事业发展不均衡、公民受教育不平等的问题。一方面,可以通过宏观政策,对教育资源进行更有效和更公平的分配;另一方面通过招生制度的改革,缓解教育资源分布不平衡加剧的问题;通过政策调整优化对应试方式和录取方式改革进行引导的同时还要加强约束,以消除接受高等教育机会的不平等,逐渐实现教育公平。

6 农业机械化赋能工农协调实证分析

实现工农协调发展是实现乡村振兴和社会主义现代化强国的必由之路。农业和工业作为我国国民经济的主要基础产业,各自发挥着不可替代的作用,实现工农协调发展关系到国民经济和社会稳定的大局,对现代化建设具有重要战略意义,也顺应着新发展阶段的要求。我国工农关系长期处于"农业支持工业"阶段,20世纪末至21世纪以来"三农"问题日益突出,"工业反哺农业""工农互促、协调发展"成为新政策取向,工农关系随着改革进程不断演进和调整。从整体上看,我国工农关系逐渐由"分离"趋于"融合",农业农村发展取得了显著成效,但是工农业之间、城乡之间经济发展的差距仍然明显存在,发展不平衡、不充分问题仍然突出。这些矛盾和问题的长期存在,严重阻碍我国实施乡村振兴、建成社会主义现代化强国的战略目标。新时期需正确处理好工农关系,促进经济社会协调发展。本章基于第四章、第五章的研究结论,结合农业机械化和工农关系发展的实践,提出农业机械化是赋能工农业协调发展的关键因素的研究假设,对其机理进行分析,对其具体效果进行考察。

6.1 农业机械化赋能工农协调机理

6.1.1 农业现代化的核心

农业机械化是农业生产方式转变的集中体现,是传统农业向现代农业转型的必由之路。1959年,毛泽东同志提出"农业的根本出路在于机械化",将农业机械化的意义提升到彻底改造传统农业,经由小规模互助合作,最终达到社会化大生产的高度;2018年《国务院关于加快推进农业机械化和农机装备产业转型升级的意见》指出"没有农业机械化,就没有农业农村现代化"。农业机械化从本质上改变传统农业"面朝黄土背朝天"的低效、粗放生产方式,大大降低农业劳动强度,减轻劳动者对农业劳动的排斥,有助于改善农民的健康状况(陈江华等,2021)、提升农民的主观幸福感(蒋玲等,2020),使务农能够成为体面的职业,农民能够获得体面的收入,农村能够树立体面的形象(李铜山,2017),是工业化、城镇化不断推进、农业劳动力代际更替背景下吸引年轻一代热爱和投身农业农村的重要因素。

6.1.2 衔接工农产业的桥梁

农业机械化涉及工农两大产业,作为两部门连接的桥梁,既直观显示出工农业各自的发展水平,又间接体现了两者的互动关系(图6-1)。工业化的内涵是先进生产工具的采用,外延是先进生产方式和组织形式对传统产业的渗透和改造,而后者必需以前者为基础。工业为农业提供以农机装备为代表的物质条件,使农业机械化成为农业现代化的首要路径;农业现代化既是农业机械化的目的,也是工业反哺农业,实现工农融合、协调发展的桥梁和具体体现。

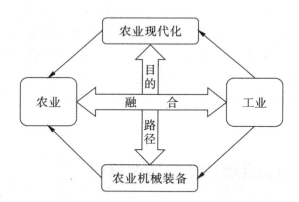

图6-1　工农融合的目的和途径

6.1.3 协调工农关系的动力

上文已经提出:农业支持工业的主要途径包括为工业提供剩余产品和土地、劳动力、资金等生产要素;几十年来,支持规模和力度已接近极限。农业机械化作为"工业反哺农业"的直接形式之一,对这些途径均会产生影响,进而通过这些途径作用于工农关系的变化和发展。具体包括以下几个方面：

第一，机械化替代劳动力是农业发展必然趋势。农业机械化通过替代劳动力增加了工业等部门的劳动力供给。如图 6-2 所示，1980—2018 年间，我国农机总动力从 14 745.75 万千瓦增加至 102 758 万千瓦，第一产业就业人数从 2.91 亿人下降至 1.94 亿人，第二产业就业人数则从 7 707 万人增加至 2.13 亿人。

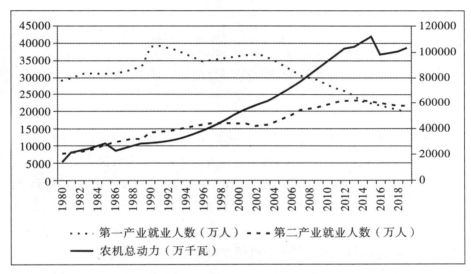

图 6-2　历年我国农机总动力和第一、二产业就业人数变化

数据来源：历年《中国统计年鉴》。

第二，农业机械化改进生产效率，显著提高劳动生产率。如图 6-3 所示，1980—2018 年间，随着农机总动力的增加，我国第一产业人均 GDP 从 466.8 元增加到 6 012.3 元(按 1980 年不变价格计算)，增加了 11.87 倍。同期，第一产业 GDP 从 1 359.5 亿元增加到 12 179.7 亿元(按 1980 年不变价格计算)，增加了 7.96 倍；而我国总人口从 9.87 亿人增长至 14.1 亿人，增长了 42.9%。农业机械化促进了农业生产能力的提高，在工业化、城镇化进程中劳动力不断转移的背景下，在保障和不断提高人民生活水平、实现温饱到小康的跨越的同时也大大增加了工业部门(尤其是农产品加工业)的农业剩余产品供给。

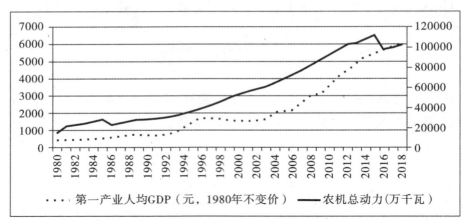

图6-3 历年我国农机总动力和第一产业人均GDP变化趋势

数据来源:历年《中国统计年鉴》。

第三,农业机械化降低农业生产成本提高农民收入。如图6-4所示,2000—2018年间,我国农民人均可支配收入(2014年前为农民人均纯收入)、人均工资性收入分别从2 253.4元、702.3元增加至9 383.2元、3 849.1元(均以2000年为基期,使用农村居民消费价格指数平减),分别增加了3.16倍和4.48倍。农业的节本增收不仅提升了农民的生活水平,也增加了工业部门的资金供给,还增加了对包括农业机械在内的工业产品的需求。

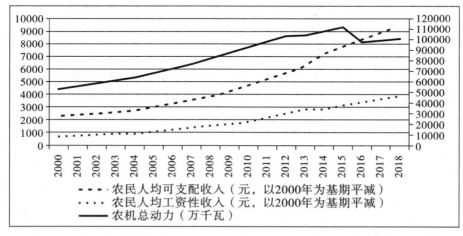

图6-4 历年我国农机总动力、农民人均可支配收入和农民人均工资性收入变化

数据来源:历年《中国统计年鉴》《中国农村统计年鉴》。

第四,农业机械化促进土地规模化经营发展。农机装备水平的提高使农户有能力经营更大面积的土地,同时产生了跨区作业、农机社会化服务等新的经营形式,进一步提升了农机使用效率,有效缓解了工业化、城镇化大量占用土地对农业造成的压力,保障了粮食安全和农业综合生产能力。如图6-5、图6-6所示,按农村人口数和农作物总播种面积计算,2000—2018年间,我国人均农机总动力、亩均农机总动力分别从0.65千瓦、0.22千瓦上升至1.78千瓦、0.4千瓦,人均农作物播种面积和亩均农业产值(按2000年不变价格计算)分别从2.9亩、591.8元上升至4.41亩、1101.3元。如图6-7所示,2004—2018年间,我国农机跨区作业面积占比从14.9%增加至17.7%,2013年曾达到32.8%的高位,近年来下降幅度较大;自有统计数据的2012年起,我国农机专业合作社服务面积迅速增加,2012年该项数据为21.7%,2018年已上升至31.2%,6年间上升了近50%。这一差异将在后面进行讨论。

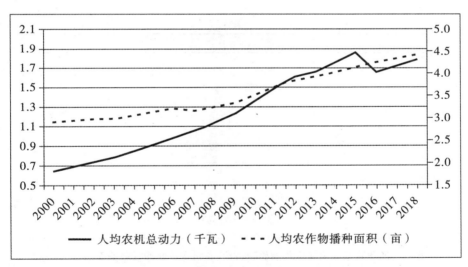

图6-5 历年我国人均农机总动力和人均农作物播种面积变化

数据来源:历年《中国统计年鉴》。

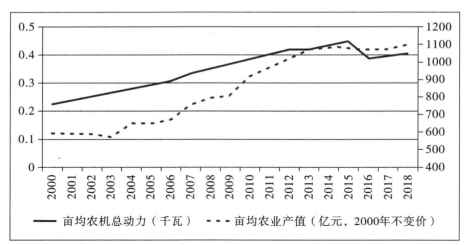

图6-6 历年我国亩均农机总动力和亩均农业产值变化

数据来源:历年《中国统计年鉴》。

图6-7 历年我国农机跨区作业面积占比、农机专业合作社服务面积占比变化

数据来源:历年《中国统计年鉴》《中国农业机械化年鉴》。

农业劳动生产率、农业投入力度、产业融合与技术互助等是影响工农协调发展的重要因素。农业机械化作为"工业反哺农业"的直接形式,在提高农业生产能力的同时,也通过替代劳动力、降低生产成本、提高农民收入、促进土地规模经营等增强"农业支持工业"的能力,缩小工农发展差距,从而成为促进工农产业良性互动、赋能协调发展的桥梁和纽带,如图6-8所示。但是,农业机械化同样受到成本—效益的经济规律和技术、规模等现实条件制约,不切实际地推进农业机械化,往往会造成工业"输血"过多而农业"造血"不足,反而会阻碍工农协调发展。

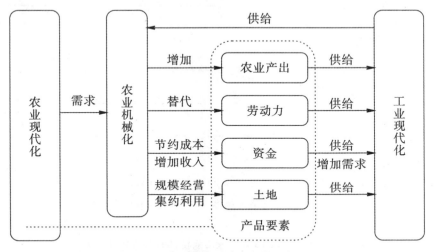

图 6-8　农业机械化促进工农协调发展机理

基于此,本书将在现有基础上,对以往研究进行拓展:在上文构建指标体系、测算分析我国工农协调发展水平的基础上,对农业机械化赋能工农协调发展水平的效果进行实证分析,为下一阶段农业机械化高质量发展提供依据和参考。

6.2　模型选择与数据来源

上文的理论分析已经建立了农业机械化作为"工业反哺农业"的直接形式,通过增强农业支持工业的能力,作用于工农协调发展的影响因素而赋能工农协调发展的框架。前文分别对全国 30 个省、市、自治区 2004—2018 年间的农业机械化发展水平和工农协调发展水平进行了测度,观察测算结果(图 6-9、图 6-10),全国和 30 个省、市、自治区农业机械化发展水平均呈稳定上升趋势;相应地,全国和大部分省、市、自治区的工农协调发展水平呈波动上升趋势。这一结果为后续的实证分析提供了初步的定性依据。下面将对农业机械化促进工农协调发展的机理、途径、效果和影响因素进行实证考察。

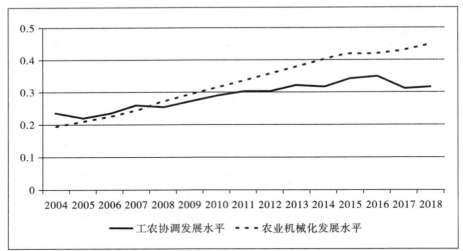

图 6-9　2004—2018 年我国工农协调和农机化发展水平

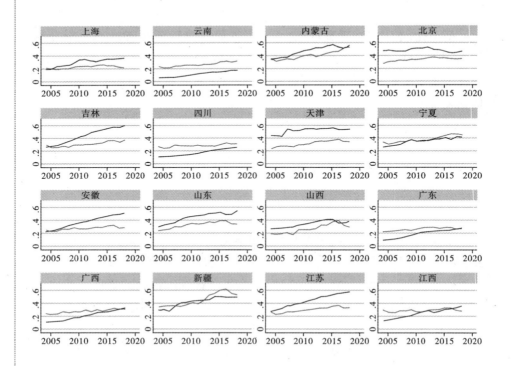

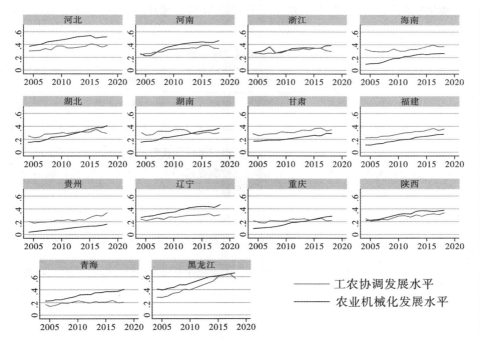

图 6-10　全国 30 个省、市、自治区 2004—2018 年工农协调和农机化发展水平

6.2.1　模型选择

上文第五章测算的各省工农协调发展水平即为模型中的被解释变量 y。农业机械化本身是一个整体概念,包括装备水平、投入力度、经营形式、使用效率、政策支持等多个层面;上文第四章测算的农业机械化发展水平亦是一个涵盖作业水平、保障能力、经营效益三大方面的综合评价,其选用的农业劳动生产率、农业劳均播种面积两项二级指标也同时包含在工农协调发展水平指标体系中。因此,为深入考察农业机械化赋能工农协调发展的具体途径和效果,选择亩均农机总动力(mac)用于衡量农机装备水平,选择跨区作业面积占比(cr)用于衡量跨区作;选择亩均机械投入成本($cost$)用于衡量农业机械实际运用投入,参考郑旭媛和徐志刚(2017)的做法,由亩均机械作业费+亩均燃料动力费+亩均排灌费+2/3×亩均固定资产折旧算得,水稻取早籼稻、中籼稻、晚籼稻、粳稻平均,种植多于一种粮食作物的省份取各种粮食平均;选择亩均农机补贴(sub)用于衡量我国自 2004 年起实施的农机购置补贴政策对农业机械化发展的支持力度;选择耕种收综合机械化率($rate$)用于衡量农机作业水平和使用效率;选择农机化作业服务组织人员占比(org)用

于衡量农机社会化服务发展水平。各核心解释变量计算方法见表6-1。

表6-1　农业机械化核心解释变量

变量	含义	单位	计算方法
mac	亩均农机总动力	千瓦	农机总动力/粮食播种面积
cr	跨区作业面积占比	%	跨区作业面积/粮食播种面积
*cost**	亩均机械投入成本	元	亩均机械作业费+亩均燃料动力费+亩均排灌费+2/3×亩均固定资产折旧,取多种粮食平均
sub	亩均农机补贴	元	农机补贴总额/粮食播种面积
rate	耕种收综合机械化率	%	机耕率×0.4+机播率×0.3+机收率×0.3
org	农机化作业服务组织人员占比	%	农机化作业服务组织人员数/农村人口数

注: * 只用于分析13个粮食主产省。

工农协调发展是一个综合性概念,除农业机械化外,还受到经济发展水平等宏观因素影响;农业向工业、服务业输出土地、劳动力、资金等生产要素和农产品,并由后两者输入工业产品和服务,城镇化对工业、服务业发展水平以及农业生产条件、生产方式转变等均有直接影响。因此,除以上核心解释变量外,选择人均GDP(*gdppp*)作为控制变量,用于衡量全国和各省工农协调发展水平随整体经济发展的变动趋势;选择第二产业GDP占比(*ind*)、第三产业GDP(*serv*)占比作为控制变量,用于衡量产业结构变化对工农协调发展的影响;选择城镇化率(*urban*)作为控制变量,用于衡量城镇化水平对工农协调发展的影响。各控制变量计算方法见表6-2。

表6-2　工农协调发展控制变量

变量	含义	单位	计算方法
gdppp	人均GDP	万元	GDP总额/人口总数
ind	第二产业GDP占比	%	第二产业GDP/GDP总额
serv	第三产业GDP占比	%	第三产业GDP/GDP总额
urban	城镇化率	%	城镇人口数/人口总数

被解释变量工农协调发展水平(y)取值范围为 $0 \sim 1$，属于受限数据，因此，建立 Tobit 模型用于分析农业机械化对工农协调发展水平的影响，具体模型如下：

$$y_{it} = \alpha + \beta_1 \, mac_{it} + \beta_2 \, cr_{it} + \beta_3 \, cost_{it} + \beta_4 \, sub_{it} + \beta_5 \, rate_{it} + \beta_6 \, org_{it}$$
$$+ \beta_7 \, gdppp_{it} + \beta_8 \, ind_{it} + \beta_9 \, serv_{it} + \beta_{10} \, urban_{it} + \varepsilon_{it} \qquad (6-1)$$

其中，i 表示省份，$t = 2004, \cdots, 2018$；$\beta_1 \sim \beta_6$ 为核心解释变量的回归系数，$\beta_7 \sim \beta_{10}$ 为控制变量的回归系数；ε_{it} 为随机扰动项。

对于 Tobit 模型而言，如果不存在个体效应，则可直接使用聚类稳健标准误进行混合 Tobit 回归（陈强，2020），而这一假设显然与各省发展的基础条件差异较大的现实不符。固定效应的 Tobit 模型由于无法找到个体异质性的充分统计量，不能进行类似固定效应 Logit 模型的条件最大似然估计，直接加入个体虚拟变量的估计结果也是不一致的（陈强，2020）。因此，存在个体效应的条件下应使用随机效应 Tobit 回归，但需同时对"不存在个体随机效应"（即 $Sigma\_u = 0$）的原假设进行 LR 检验，如不能拒绝原假设，则应使用混合 Tobit 回归。此外，可定义同一个体不同期复合扰动项的自相关系数 rho 辅助检验：

$$rho = \frac{\sigma_u^2}{\sigma_u^2 + \sigma_\varepsilon^2} \qquad (6-2)$$

rho 的值越大，则复合扰动项中个体效应部分（即 $Sigma\_u$ 的值）越大，应使用随机效应 Tobit 回归。

6.2.2 数据来源

全国和各省农机总动力、农作物总播种面积、粮食播种面积、人口总数、城镇人口数、农村人口数、GDP 总额和第二产业、第三产业 GDP 来源于《中国统计年鉴》和各省统计年鉴；用于计算亩均机械投入成本的机械作业费、燃料动力费、排灌费、固定资产折旧来源于《全国农产品成本收益资料汇编》；中央财政农机补贴额主要来源于《中国农业机械工业年鉴》，各省农机补贴数据主要来源于《中国农业机械化年鉴》，部分缺失数据来源于官方网站或公开文件；跨区作业面积、农机化作业服务组织人员数及用于计算耕种收综合机械化率的机耕面积、免耕面积、机播面积、机收面积来源于《中国农业机械化年鉴》。限于农业机械化相关原始数据的可获得性，本章选择 2004—2018 年为研究时段；GDP、补贴、成本相关变量均以 2000 年为基期平减处理。

6.3 全国和分地区结果分析

6.3.1 基准回归

采用随机效应 Tobit 模型对全国 30 个省、市、自治区工农协调发展水平及影响因素进行基准回归,并对"不存在个体随机效应"的原假设进行 LR 检验。使用 Stata 16.0 软件进行估计,结果见表 6-3。表 6-3 显示,rho 值估计结果较大,LR 检验结果强烈拒绝"不存在个体随机效应"(即 $Sigma\_u = 0$)的原假设,验证了使用随机效应 Tobit 模型的合理性。根据包含所有核心解释变量的模型 VI 估计结果,首先,考察各农业机械化核心解释变量对工农协调发展水平的影响效果:

第一,农机存量对工农协调发展促进作用不显著。一方面,亩均农机总动力在加入所有解释变量后不显著,说明增加农机存量无助于持续有效提升工农协调发展水平。以粮食种植面积计算,我国亩均农机总动力在 2004—2018 年间持续增加,从 0.42 千瓦增加到 0.57 千瓦,大大高于美国等发达国家的水平(罗锡文,2019),农机作业效率和综合利用率不高。农业机械本身虽然具有替代劳动力、增加产出的直接作用,但在农机趋于饱和而农业生产整体比较收益较低的条件下,增加存量的边际收益不足以抵消持续增加的农机采购、运行、维护、管理等边际成本;另一方面,亩均农机总动力较高,也与土地细碎化、农民兼业化等现象有关。因此,我国农业机械化发展的关键应是提升农业机械的使用效率,破局的关键在于从制度和政策方面逐步改革优化,加快土地流转、促进土地规模经营和农业人口实质性转移。

第二,提高农机使用效率显著提升工农协调发展水平,是农业机械化赋能工农协调发展的重要途径。耕种收综合机械化率系数为 0.001,即耕种收综合机械化率每提升 1 个百分点平均可使工农协调发展水平提升 0.001 左右。2004 年,我国耕种收综合机械化率仅为 0.32,至 2018 年已稳步上升至接近 0.7,使工农协调发展水平上升达 0.036。考虑到工农协调发展水平较窄的取值范围(0~1)和各省实际变化幅度,这一效果极为明显,与亩均农机总动力的结果对比,凸显了提升农机使用效率的重要性,是农业机械化赋能工农协调发展的重要体现。一方面,要同步推进产前、产中和产后各个环节的全程机械化和各类作物、产业、区域的全面机械化(罗锡文,2019),另一方面,正视农机装备制造产业存在的短板和差距,加快研发和制造短板农机类型,保障农业机械化赋能效果得到更充分的发挥。

第三,跨区农机作业对提升工农协调发展水平有一定效果。跨区作业面积占比系数为0.000 4,即跨区作业面积占比每提升1个百分点平均可使工农协调发展水平提高0.000 4。如上文所述,我国跨区作业面积在2004—2013年间快速增加,10年内跨区作业面积占比从14.9%上升至32.8%,增加幅度达17.9%,使同期工农协调发展水平上升了0.007 3。但2014年,我国跨区作业面积出现"断崖式"下降,并一直持续到2018年(方师乐、黄祖辉,2019),其原因是新型农业经营主体不断发展、农机补贴力度不断加大,降低了大中型农机的购买门槛(方师乐等,2018),加之中国农村的"熟人社会"特征使得本地农机服务逐渐占据竞争优势(仇叶,2017),跨区农机服务市场不断萎缩。因此,要根据经济社会条件的变化因势利导,促进农机经营形式创新发展。

第四,农机补贴对提升工农协调发展水平有一定效果。亩均农机补贴系数为0.000 7,即亩均农机补贴每增加1元平均可使工农协调发展水平提升0.000 7。2015年,以粮食作物播种面积和2000年不变价格计算,全国平均农机补贴达到11.75元/亩的高位,使工农协调发展水平较2004年上升了0.008 5。实际上,我国自2004年实施农机补贴政策以来,从全国补贴总金额来看,先后经历了低位增长—平稳增长—高速增长—稳中有降等几个阶段,目前处于高位稳定阶段。进一步设想,在当前农业发展水平和农机存量趋于饱和的条件下,单纯增加补贴金额可能不仅无助于促进工农协调发展,反而会加重财政负担,从而影响农业机械化赋能工农协调的整体效果。因此,补贴政策作为农业机械化发展的代表性政策和动力来源,需要持续优化,在量的基础上实现质的提升。由于不同省份的补贴力度及变化情况差异较大,农机补贴的具体效果有待进一步检验。

第五,农机社会化服务显著提升工农协调发展水平。农机化作业服务组织人员占比系数为0.007 5,即农机化作业服务组织人员占比每提升1个百分点平均可使工农协调发展水平提升0.007 5。2004年,我国农机化作业服务组织人员占比仅5.1%,至2018年持续增加至9.5%,即农村人口中每10人就有一名农机化作业服务组织人员,增加了近一倍,使同期工农协调发展水平上升达 0.036,整体效果与耕种收综合机械化率持平。如果说提高农机使用效率是在技术层面提高农机的有效性,那么农机社会化服务则是在经济和社会层面提高农机的可得性,两者结合才能使农业机械化更好地赋能工农协调发展。

表6-3　全国30个省市区工农协调发展水平基准回归分析结果

变量	模型Ⅰ	模型Ⅱ	模型Ⅲ	模型Ⅳ	模型Ⅴ	模型Ⅵ
mac	0.044***	–	–	–	–	0.015 5
	(0.013)					(0.011)
cr	–	0.000 9***	–	–	–	0.000 4***
		(0.000 15)				(0.000 14)
sub	–	–	0.000 8***	–	–	0.000 7***
			(0.000 15)			(0.000 15)
rate	–	–	–	0.002***	–	0.001***
				(0.000 2)		(0.000 2)
org	–	–	–	–	0.011***	0.008 1***
					(0.001)	(0.001)
gdppp	0.039***	0.036***	0.041***	0.032***	0.026**	0.023**
	(0.013)	(0.013)	(0.013)	(0.012)	(0.012)	(0.011)
ind	−0.010***	−0.010***	−0.009***	−0.011***	−0.010***	−0.011***
	(0.001)	(0.001)	(0.001)	(0.001)	(0.001)	(0.001)
serv	−0.007***	−0.006***	−0.007***	−0.008***	−0.007***	−0.009***
	(0.001)	(0.001)	(0.001)	(0.001)	(0.001)	(0.001)
urban	0.005***	0.005***	0.005***	0.003***	0.003***	0.002 3***
	(0.000 6)	(0.000 6)	(0.000 6)	(0.000 6)	(0.000 6)	(0.000 6)
Cons.	0.680***	0.646***	0.670***	0.864***	0.749***	0.925***
	(0.078)	(0.075)	(0.076)	(0.077)	(0.072)	(0.072)
Sigma_u	0.093***	0.090***	0.094***	0.059***	0.056***	0.050***
	(0.013)	(0.012)	(0.013)	(0.009)	(0.008)	(0.007)
Sigma_e	0.030***	0.029***	0.030***	0.029***	0.029***	0.027***
	(0.001)	(0.001)	(0.001)	(0.001)	(0.001)	(0.001)
rho	0.905	0.902	0.909	0.804	0.786	0.776
	(0.024)	(0.025)	(0.023)	(0.049)	(0.048)	(0.049)
$Prob \geqslant chibar2$	0.000	0.000	0.000	0.000	0.000	0.000

注:***、**和*分别代表1%、5%和10%的显著性水平;括号内为标准误差。

下面考察各控制变量对工农协调发展水平的影响效果：

第一，我国工农协调发展水平整体上呈现出随国民经济发展而提升的趋势。人均 GDP 系数为 0.023，即人均 GDP 每增加 1 万元（按 2000 年不变价格计算），平均可使工农协调发展水平提升 0.023。由于我国不同地区基础禀赋和发展水平差异较大，这一结论有待进一步检验。

第二，工业、服务业整体反哺农业力度不足。第二产业 GDP 占比、第三产业 GDP 占比系数分别为 -0.011、-0.009，即第二产业、第三产业 GDP 占比每上升 1 个百分点，可使工农协调发展水平下降 0.011、0.009。这一结果说明在研究时段内我国工业、服务业的发展仍高度依赖农业支持，"工业反哺农业"仍未有效实现。实际上，2004—2018 年间，我国第二产业 GDP 占比呈稳定下降趋势，从 45.9% 下降至 40.7%，而不少省份第二产业 GDP 占比则呈先升后降趋势；多数省份第三产业 GDP 占比呈上升趋势，部分省份上升明显。第二产业、第三产业是经济发展的主要推动力，这一结果值得引起高度重视。

第三，相反地，城镇化促进工农协调发展效果显著。城镇化率系数为 0.002，即城镇化率每提升 1 个百分点，可使工农协调发展水平提升 0.002。2004—2018 年间，我国城镇化率从 41.8% 上升至 52.2%，使工农协调发展水平上升达 0.041。这一结果说明以城镇化促进农业要素禀赋和生产方式转变进而促进工农协调发展的效果已开始显现。对于农业机械化而言，城镇化的直接影响是农业人口的转移，因而有助于通过促进土地规模经营和农民的专业化提升农机使用效率。

6.3.2 东部地区

东部地区工农协调发展水平及影响因素回归结果见表 6-4。表 6-4 显示，rho 值估计结果较大，LR 检验结果强烈拒绝"不存在个体随机效应"的原假设，验证了使用随机效应 Tobit 模型的合理性。根据包含所有核心解释变量的模型 VI 估计结果，考察各农业机械化核心解释变量对东部地区工农协调发展水平的影响效果：

第一，东部地区农机使用效率对提升工农协调发展水平效果明显。综合机械化水平系数为 0.000 5，印证了全国基准回归的结论，即农业机械化促进工农协调发展的关键是提高农业机械的使用效率。

第二，东部地区农机社会化服务对工农协调发展促进作用较好。农机化作业服务组织人员占比系数为 0.01，高于全国水平，说明东部地区农机社会化服务发展水平较高,也解释了该地区跨区作业效果不显著的原因,即本地化的农机服务逐渐占据竞争优势。

第三,东部地区对农机补贴依赖程度较低。亩均农机补贴系数为0.000 5,小于全国水平,说明东部地区整体经济较为发达、农民购买力较强,这也在一定程度上再次解释了该地区跨区作业效果不显著的原因。

表6-4 东部地区工农协调发展水平回归分析结果

变量	模型Ⅰ	模型Ⅱ	模型Ⅲ	模型Ⅳ	模型Ⅴ	模型Ⅵ
mac	0.014 (0.010)	—	—	—	—	−0.002 (0.009)
cr	—	0.000 4*** (0.000 13)	—	—	—	0.000 2 (0.000 13)
sub	—	—	0.000 4*** (0.000 1)	—	—	0.001*** (0.000 1)
rate	—	—	—	0.000 8*** (0.000 2)	—	0.001** (0.000 2)
org	—	—	—	—	0.01*** (0.002 4)	0.01*** (0.002)
gdppp	0.027*** (0.010)	0.024** (0.010)	0.028*** (0.010)	0.030*** (0.010)	0.023** (0.011)	0.026*** (0.010)
ind	−0.004*** (0.001 3)	−0.003*** (0.001 2)	−0.003** (0.001 2)	−0.003*** (0.001 2)	−0.005** (0.001 2)	−0.005*** (0.001 1)
serv	−0.001 5 (0.001 3)	−0.001 4 (0.001 2)	−0.001 4 (0.001 2)	−0.002	−0.002*** (0.001 2)	−0.004*** (0.001 1)
urban	0.004*** (0.000 7)	0.005*** (0.000 7)	0.004*** (0.000 6)	0.003*** (0.000 7)	0.003*** (0.000 8)	0.002*** (0.000 6)
Cons.	0.195* (0.108)	0.166* (0.097)	0.150 (0.096)	0.225** (0.097)	0.336*** (0.090)	0.416*** (0.086)
Sigma_u	0.092*** (0.020)	0.092*** (0.020)	0.096*** (0.021)	0.079*** (0.018)	0.037*** (0.012)	0.035*** (0.009)
Sigma_e	0.018*** (0.001)	0.018*** (0.001)	0.017*** (0.001)	0.018*** (0.001)	0.019*** (0.001)	0.017*** (0.001)
rho	0.961 (0.017)	0.963 (0.016)	0.967 (0.014)	0.951 (0.022)	0.795 (0.115)	0.812 (0.082)
Prob≥chibar2	0.000	0.000	0.000	0.000	0.000	0.000

注:***、** 和 * 分别代表1%、5%和10%的显著性水平;括号内为标准误差。

下面考察各控制变量对东部地区工农协调发展水平的影响效果：

第一，东部地区人均 GDP、城镇化率系数为正，与全国基准回归相似，说明东部地区工农协调发展水平呈现随经济整体发展而同步提升的趋势，城镇化成为工农协调发展的助推因素。

第二，第二产业 GDP 占比、第三产业 GDP 占比系数为负，但绝对值均为全国水平的一半左右，似乎说明东部地区已率先进入"农业支持工业"的后期阶段，工业、服务业发展对农业支持的依赖程度相对较低而反哺农业效果相对较高，这一结果与人均 GDP、城镇化率系数为正的结果相互印证，说明降低工业对农业支持的依赖、加强对农业的反哺是实现以经济整体发展带动工农协调的根本出路。

6.3.3　中部地区

中部地区工农协调发展水平及影响因素回归结果见表 6-5。表 6-5 显示，rho 值估计结果较大，LR 检验结果强烈拒绝"不存在个体随机效应"的原假设，验证了使用随机效应 Tobit 模型的合理性。根据包含所有核心解释变量的模型 VI 估计结果，考察各农业机械化核心解释变量对中部地区工农协调发展水平的影响效果：

第一，中部地区农机使用效率对提升工农协调发展水平效果最为明显。耕种收综合机械化率系数为 0.002 3，即耕种收综合机械化率每提升 1 个百分点平均可使工农协调发展水平提升 0.002 3，为全国水平的 2 倍多。

第二，中部地区农机补贴促进工农协调发展效果较为明显。亩均农机补贴系数为 0.004，即亩均农机补贴每增加 1 元平均可使工农协调发展水平提升 0.004，为全国水平的近 6 倍。

第三，中部地区农机社会化服务对工农协调发展促进作用显著。农机化作业服务组织人员占比系数为 0.013 2，即农机化作业服务组织人员占比每提升 1 个百分点平均可使工农协调发展水平提升 0.013 2，为全国平均水平的 1.76 倍。中部地区农业大省、粮食主产省较多，以上结果说明农机补贴对于中部地区工农协调发展具有重要作用，农机使用效率和农机社会化服务是中部地区农业机械化促进工农协调发展的主要途径。

表6-5　中部地区工农协调发展水平回归分析结果

变量	模型 I	模型 II	模型 III	模型 IV	模型 V	模型 VI
mac	0.073 **	–	–	–	–	–0.008
	(0.033)					(0.024)
cr	–	0.002 ***	–	–	–	0.000
		(0.000 4)				(0.000 3)
sub	–	–	0.007 ***	–	–	0.004 ***
			(0.001)			(0.000 8)
rate	–	–	–	0.004 ***	–	0.002 ***
				(0.000 4)		(0.000 4)
org	–	–	–	–	0.023 ***	0.013 ***
					(0.003)	(0.003)
gdppp	0.188 ***	0.161 ***	0.056	0.006	0.028	–0.121 ***
	(0.040)	(0.039)	(0.041)	(0.039)	(0.038)	(0.035)
ind	–0.016 ***	–0.014 ***	–0.014 ***	–0.018 ***	–0.014 ***	–0.016 ***
	(0.001 7)	(0.001 6)	(0.001 5)	(0.001 5)	(0.001 4)	(0.001 2)
serv	–0.010 ***	–0.008 ***	–0.009 ***	–0.015 ***	–0.011 ***	–0.014 ***
	(0.002)	(0.002)	(0.002)	(0.002)	(0.002)	(0.002)
urban	0.003 **	0.002 *	0.002 *	0.002 *	0.003 **	0.002 **
	(0.001 4)	(0.001 3)	(0.001 2)	(0.001 1)	(0.001 1)	(0.000 9)
Cons.	1.112 ***	0.995 ***	1.16 ***	1.49 ***	1.11 ***	1.392 ***
	(0.126)	(0.124)	(0.110)	(0.116)	(0.104)	(0.100)
Sigma_u	0.049 ***	0.047 ***	0.048 ***	0.045 ***	0.07 ***	0.058 ***
	(0.013)	(0.012)	(0.012)	(0.013)	(0.018)	(0.016)
Sigma_e	0.031 ***	0.029 ***	0.027 ***	0.024 ***	0.024 ***	0.019 ***
	(0.002)	(0.002)	(0.002)	(0.002)	(0.002)	(0.001 3)
rho	0.721	0.718	0.766	0.785	0.893	0.903
	(0.109)	(0.110)	(0.096)	(0.101)	(0.052)	(0.049)
Prob ≥ chibar2	0.000	0.000	0.000	0.000	0.000	0.000

注：***、**和*分别代表1%、5%和10%的显著性水平；括号内为标准误差。

下面考察各控制变量对中部地区工农协调发展水平的影响效果：

第一，中部地区工农协调发展水平随经济发展而明显降低。人均GDP系数为–0.121，即人均GDP每增加1万元（按2000年不变价格计算）平均可使工农协调发展水平下降高达 0.121,与全国和东部地区方向相反,绝对值达后两者的近 5 倍。

第二,中部地区工业、服务业发展高度依赖农业支持。第二产业 GDP 占比、第三产业 GDP 占比系数分别为-0.016、-0.014,即第二产业 GDP、第三产业 GDP 占比每提高 1 个百分点平均可使工农协调发展水平分别下降 0.016、0.014,略高于全国水平,均为东部地区的 3 倍多。以上结果说明中部地区工业、服务业的发展整体上仍是以极大地牺牲农业为代价,这也是中部地区工农协调发展水平并未随经济发展而同步提高的重要原因。中部地区可视为我国国民经济和工农业发展的"缩影",这一发现值得引起重视。

第三,中部地区城镇化促进工农协调发展。城镇化率系数为 0.002,即城镇化率每提高 1 个百分点平均可使工农协调发展水平上升 0.002,与东部地区相当,略低于全国平均水平。

6.3.4 西部地区

西部地区工农协调发展水平及影响因素回归结果见表 6-6。表 6-6 显示, rho 值估计结果较大,LR 检验结果强烈拒绝"不存在个体随机效应"的原假设,验证了使用随机效应 Tobit 模型的合理性。根据包含所有核心解释变量的模型 VI 估计结果,考察各农业机械化核心解释变量对西部地区工农协调发展水平的影响效果:

第一,西部地区跨区作业促进工农协调发展效果较好。跨区作业面积占比系数为 0.000 5,高于全国水平,说明西部地区由于自然条件、经济发展水平、农民收入等限制,农机跨区作业需求仍较大。

第二,西部地区农机补贴促进工农协调发展效果较为明显。亩均农机补贴系数为 0.003 5,与中部地区相当,为全国水平的 5 倍、东部地区的 7 倍,说明政策补贴对于经济发展水平相对落后的西部地区农业机械化和工农协调发展具有重要作用。

第三,西部地区农机社会化服务对工农协调发展促进效果有限。农机化作业服务组织人员占比系数为 0.004,大大低于全国水平和中、东部地区,说明西部地区受地形等自然条件和经济发展水平限制,农机社会化服务水平较低,促进工农协调发展的效果有限。

表6-6 西部地区工农协调发展水平回归分析结果

变量	模型Ⅰ	模型Ⅱ	模型Ⅲ	模型Ⅳ	模型Ⅴ	模型Ⅵ
mac	0.028	—	—	—	—	−0.039
	(0.045)					(0.040)
cr	—	0.001***	—	—	—	0.001**
		(0.000 3)				(0.000 2)
sub	—	—	0.004***	—	—	0.004***
			(0.000 5)			(0.000 5)
rate	—	—	—	0.002**	—	0.000
				(0.000 6)		(0.000 6)
org	—	—	—	—	0.003	0.004**
					(0.002)	(0.002)
gdppp	0.007	0.007	−0.025	−0.006	−0.006	−0.041
	(0.031)	(0.029)	(0.026)	(0.030)	(0.031)	(0.027)
ind	−0.006***	−0.006***	−0.006***	−0.007***	−0.006***	−0.006***
	(0.002)	(0.002)	(0.002)	(0.002)	(0.002)	(0.002)
serv	−0.005**	−0.005**	−0.004**	−0.006***	−0.005**	−0.005***
	(0.002)	(0.002)	(0.002)	(0.002)	(0.002)	(0.002)
urban	0.006***	0.006***	0.005***	0.005***	0.006***	0.005***
	(0.001 3)	(0.001 1)	(0.001)	(0.001 4)	(0.001 3)	(0.013)
Cons.	0.475***	0.471***	0.462***	0.589***	0.504***	0.554***
	(0.171)	(0.156)	(0.139)	(0.169)	(0.168)	(0.150)
Sigma_u	0.068***	0.065***	0.064***	0.053***	0.067***	0.056***
	(0.015)	(0.014)	(0.014)	(0.013)	(0.015)	(0.014)
Sigma_e	0.034***	0.033***	0.029***	0.034***	0.034***	0.028***
	(0.002)	(0.002)	(0.002)	(0.002)	(0.002)	(0.002)
rho	0.798	0.800	0.828	0.710	0.794	0.796
	(0.074)	(0.073)	(0.065)	(0.104)	(0.075)	(0.083)
Prob≥chibar2	0.000	0.000	0.000	0.000	0.000	0.000

注:***、**和*分别代表1%、5%和10%的显著性水平;括号内为标准误差。

下面考察各控制变量对西部地区工农协调发展水平的影响效果:

第一,西部地区工农协调发展水平与经济发展水平间未体现出明显关系。西部地区人均GDP在所有模型的估计结果中均不显著,原因将在下面说明。

第二,西部地区工业、服务业对农业支持的依赖程度较轻,但这并未促使西部地区工农协调发展水平随经济发展而同步提高。西部地区第二产业GDP 占比系数为-0.006、第三产业 GDP 占比系数为-0.005,绝对值低于全国水平和中部地区,与东部地区大体相当。这似乎说明西部地区"农业支持工业"的程度低于全国水平和中部地区。受气候、地形等自然条件限制,西部地区经济底子较薄,发展水平相对落后,产业结构升级进度慢于全国其他地区,这一结果可能说明西部地区农业、工业、服务业发展水平均较低且产业间联系不紧密,因而工业对农业的反哺程度也较低,这正是西部地区工农协调发展面临的全局性、整体性障碍,也是西部地区工农协调发展水平并未随经济发展而同步提高的原因。

第三,西部地区城镇化显著促进工农协调发展。城镇化率系数高达0.005,为全国和中东部地区水平的约 2.5 倍,说明通过城镇化促进要素集聚和农业人口转移可能是促进西部地区工农协调发展的有效途径。

6.3.5 粮食主产区

我国粮食主产区包括辽宁、吉林、黑龙江、内蒙古、河北、河南、山东、江苏、安徽、湖北、湖南、江西和四川等 13 个省份。考虑农业机械化在粮食生产中的重要作用,选择粮食主产区 13 个省份,加入亩均机械投入成本作为解释变量,用于衡量农业机械实际运用投入。粮食主产区工农协调发展水平及影响因素回归结果见表 6-7。

表 6-7 显示,rho 值估计结果较大,LR 检验结果强烈拒绝"不存在个体随机效应"的原假设,验证了使用随机效应 Tobit 模型的合理性。根据包含所有核心解释变量的模型 VII 估计结果,考察各农业机械化核心解释变量对粮食主产区工农协调发展水平的影响效果:

第一,增加农机使用投入对促进工农协调发展无明显效果。亩均机械投入成本系数仅为$0.000\ 8$,加入所有解释变量后不显著,说明在现有技术条件、工农产品交换关系和农业生产(特别是粮食生产)比较收益低的现实背景下,增加农业机械使用成本投入无助于提升农业生产的经济效益,因而无法有效促进工农协调发展,关键是要从整体上提升农业的竞争力。

第二,粮食主产区农机补贴促进工农协调发展效果明显。亩均农机补贴系数为0.003,大幅度高于全国水平和东部地区,与中部、西部地区相当。

第三,粮食主产区农机使用效率对提升工农协调发展水平效果明显。综合机械化率系数为 0.001 1,大幅度高于东部地区,略高于全国平均水平。

第四,粮食主产区农机社会化服务对工农协调发展促进作用最为显著。农机化作业服务组织人员占比系数达 0.017,为全国水平的 2 倍多、西部地区的 4 倍多。以上结果说明农机补贴、农机使用效率和农机社会化服务对于粮食主产区工农协调发展具有重要意义。

表 6-7　粮食主产区工农协调发展水平回归分析结果

变量	模型Ⅰ	模型Ⅱ	模型Ⅲ	模型Ⅳ	模型Ⅴ	模型Ⅵ	模型Ⅷ
mac	0.089***	—	—	—	—	—	0.010
	(0.026)						(0.018)
cr	—	0.001***	—	—	—	—	0.000
		(0.000 2)					(0.000 2)
$cost$	—	—	0.001***	—	—	—	0.000
			(0.000 1)				(0.000 1)
sub	—	—	—	0.006***	—	—	0.003***
				(0.000 8)			(0.000 7)
$rate$	—	—	—	—	0.003***	—	0.001***
					(0.000 2)		(0.000 3)
org	—	—	—	—	—	0.020***	0.017***
						(0.001 7)	(0.001 6)
$gdppp$	0.074***	0.087***	0.070***	0.042**	0.056***	0.006	-0.027*
	(0.019)	(0.018)	(0.017)	(0.018)	(0.016)	(0.016)	(0.015)
ind	-0.012***	-0.012***	-0.014***	-0.011***	-0.015***	-0.012***	-0.013***
	(0.001 5)	(0.001 5)	(0.001 4)	(0.001 3)	(0.001 3)	(0.001 1)	(0.001 1)
$serv$	-0.008***	-0.006***	-0.011***	-0.007***	-0.012***	-0.011***	-0.011***
	(0.001 9)	(0.001 8)	(0.001 8)	(0.001 7)	(0.001 7)	(0.001 4)	(0.001 4)
$urban$	0.004***	0.004***	0.001 9**	0.001 7*	0.002***	0.003***	0.001
	(0.001)	(0.001)	(0.001)	(0.001)	(0.001)	(0.001)	(0.001)
$Cons.$	0.894***	0.844***	1.143***	0.949***	1.227***	1.011***	1.160***
	(0.111)	(0.109)	(0.108)	(0.101)	(0.104)	(0.083)	(0.082)
$Sigma\_u$	0.050***	0.057***	0.040***	0.050***	0.033***	0.051***	0.055***
	(0.010)	(0.012)	(0.008)	(0.010)	(0.007)	(0.011)	(0.012)

变量	模型Ⅰ	模型Ⅱ	模型Ⅲ	模型Ⅳ	模型Ⅴ	模型Ⅵ	模型Ⅷ
Sigma_e	0.030***	0.030***	0.028***	0.028***	0.026***	0.022***	0.018***
	(0.0016)	(0.0016)	(0.0015)	(0.0014)	(0.0014)	(0.0012)	(0.001)
rho	0.731	0.788	0.670	0.771	0.602	0.841	0.896
	(0.083)	(0.071)	(0.093)	(0.073)	(0.105)	(0.062)	(0.042)
Prob ≥ chibar2	0.000	0.000	0.000	0.000	0.000	0.000	0.000

注:***、**和*分别代表1%、5%和10%的显著性水平;括号内为标准差。

下面考察各控制变量对粮食主产区工农协调发展水平的影响效果:

第一,粮食主产区工农协调发展水平随整体经济发展而降低。人均GDP系数为-0.027,即人均GDP每增加1万元(按2000年不变价格计算)平均可使工农协调发展水平下降0.027。

第二,粮食主产区工业、服务业发展对农业支持依赖程度较大。第二产业GDP占比系数为-0.013,第三产业GDP占比系数为-0.011,绝对值介于全国水平和中部地区之间,远高于东部地区。以上结果与中部地区相似,说明粮食主产区13个省份整体仍处于"农业支持工业"的中期阶段,距离"工业反哺农业"仍有相当距离。这也是13个粮食主产省工农协调发展水平并未随经济发展而同步提升的原因。粮食生产在我国农业生产中占据基础性地位,粮食主产区13个省份中亦不乏工业大省,这一结果从另一个侧面集中反映了我国工农关系的实际情况,值得引起重视。

7

农业机械化赋能政策效果格兰杰因果检验

7.1　农机补贴与工农协调发展

　　增加农机存量未能有效促进工农协调发展,而农机购置补贴促进工农协调发展效果较为显著。这是否说明:为了促进工农协调发展,不应该增加农业机械投资? 再者,从补贴政策"让农民买得起农机"的初衷出发,这两个发现是否互相矛盾?

　　答案都是否定的。前文已经指出:经济性是农业机械化的本质特征之一,应注重技术效率和经济效益的辩证统一。工农协调发展是一个综合性、整体性的概念,农业机械化赋能工农协调发展亦非"原动件"与"从动件"的机械传动关系,而是通过技术、经济、社会等层面诸多因素起作用,其效果自然受到这些因素的复杂影响。

　　先前构建的工农协调发展指标体系包括工农业劳动生产率比、工农产品交换比价和农业固定资产投资占比等二级指标,反映了发展水平、利益协调、发展潜力等工农协调发展的不同方面。根据第五章的研究结果,部分省份农业劳动生产率偏低且增长缓慢,反映了农业生产比较收益低的现实,而农业劳动生产率与农民收入直接相关;对农业机械与劳动力的边际替代关系的考察,揭示了工农产品不平等的交换关系;固定资产投资反映产业的长期发展潜力以及全社会对产业发展前景的预期,部分省份农业固定资产投资占比偏低且增长缓慢,具体表现为农民增收乏力造成农机购置增长缓慢,反过来更限制了农业劳动生产率的提升。以上这些原因相互影响,形成恶性循环,严重制约工农协调发展,既解释了本章开头提出的两个问题,又契合了第六章的结论,即我国目前整体上仍处于"农业支持工业"的中后期阶段,因而,依靠农业部门自身扩大农机投资受到很大限制。

农业作为基础性产业,先天具有"弱质性"特征。农机购置补贴作为农业机械化发展的重要支持政策,在现有农业发展水平和工农产品交换关系条件下从经济层面直接改善农机的可获得性,进而从物质层面增强"农业支持工业"的能力,成为农业机械化赋能工农协调发展的重要动力。根据上一章的实证研究结果,从全国整体水平来看,农机补贴促进工农协调发展效果较为有限,补贴政策需要持续优化;分区分析结果则显示中部地区、西部地区和粮食主产省农机补贴促进工农协调发展作用显著,其效果数倍于东部地区和全国平均水平。因此,本章将具体讨论农机购置补贴政策对农业机械化发展的影响,实证分析农机购置补贴政策在不同地区的实现形式、响应程度和补贴效果,为更有针对性地实施差异化的农机购置补贴政策,更好地发挥农业机械化赋能工农协调发展的作用提供参考和依据。

7.2 农机补贴与农业机械化发展

第一,观察农机购置补贴金额和力度变化趋势。农机购置补贴是工业反哺农业、城市支援农村的方式之一。表7-1显示,农机购置补贴总额从2005年初期的3亿元,至2010年增加到155亿元,2015年达到高峰236亿元,2019年回落到180亿元。按照第一产业劳动力数量计算,2010年以来平均每位劳动力补贴金额大部分年份在80~100元。按照粮食作物播种面积计算,2010年以来平均每公顷补贴金额在150~200元,2012—2016年大概在200元/公顷,其它年份均在150元/公顷左右。值得注意的是,2009年以来,农机购置补贴占农业机械购置额比例保持在20%~28%,换句话说,农民购置农业机械可以享受20%~30%的折扣。

表 7-1　历年我国农业机械补贴金额及力度指标变动情况

年份	农机补贴总额 （亿元）	劳均补贴 （元/人）	粮食播面补贴 （元/公顷）	占农机购置额比例 （％）
2005	3.0	0.90	2.88	1.03
2006	6.0	1.88	5.69	1.88
2007	0.4	0.14	0.40	0.12
2008	40.0	13.37	37.46	9.77
2009	130.0	45.00	119.28	21.32
2010	155.0	55.49	141.07	21.95
2011	175.0	65.80	158.27	23.50
2012	215.0	83.42	193.34	24.24
2013	217.5	89.98	194.27	24.52
2014	237.5	104.21	210.69	27.34
2015	236.5	107.87	208.61	28.32
2016	228.0	106.07	201.71	27.81
2017	186.0	88.81	157.64	26.48
2018	174.0	85.89	148.67	–

注解：农机补贴总额包括中央财政、地方财政、单位集体和其他各种补贴或投入；劳均补贴按第一产业劳动力计算；农机购置额包括各种来源补贴或投入以及农民个人农机购置投入。

数据来源：中央财政补贴全国数据来自历年《中国农业机械工业年鉴》，分省数据整体来源于《中国农业机械化年鉴》，其它缺失数据来源于各省官方统计数据，如省政府网站、财政厅、农业厅或农机局资金下拨文件和地方财政统计年鉴。农机购置数据来源于《中国农业机械工业年鉴》或《中国农业机械化年鉴》。

　　第二，随着国家农业机械补贴的增加，农民农业机械购置投资和农业机械实物量随之增加。图 7-1 显示，国家农业机械补贴和农民机械购置总额，呈现明显的正相关关系，两者的相关系数高达 0.987。同样，国家农业机械补贴和农业机械总动力，呈现明显的正相关关系，两者的相关系数高达 0.963。可见，国家实施农业机械补贴政策，一方面减少了农民购置农业机械的支出，大约占农业机械购置总额的 25%；另一方面激发农民对于农业机械购置的积极性。加大农业机械补贴力度，可以诱导农民增加农业机械购置投资，提高农业机械装备程度，最终提高农业机械化发展水平。简单地说，就是增加农业机械总动力或农业机械化的资本存量。

农业机械化赋能工农协调发展

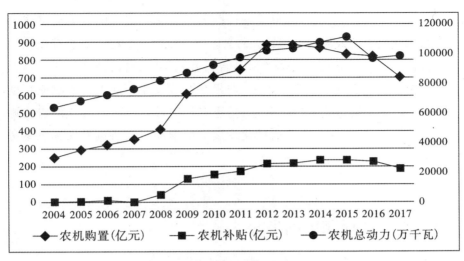

图7-1　农业机械补贴总额与农机购置总额和农机总动力关系

注解:左轴为补贴总额和购置总额,右轴为农机总动力。

第三,随着农村人均收入的增加,农业机械购置总额似乎呈现抛物型变化趋势。换句话说,随着农业收入的增长,农业机械购置投资初期呈现缓慢到迅速递增态势,到达一定极限水平以后,又开始呈现迅速到缓慢递减态势(图7-2)。这一发现可能说明,在目前农村收入水平及增长速度条件下,农民对农业机械购置的投资有一个上限制约。换句话说,要大规模的鼓励农民投资农业机械购置,需要大幅度提高农民收入,同时,还需要加大农业机械补贴力度,在更大规模上诱导农民增加农业机械购置投资行为。

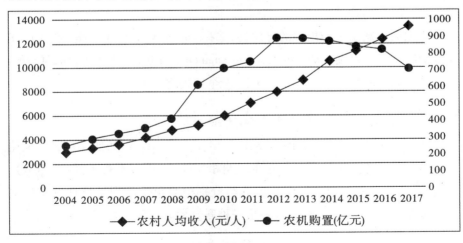

图7-2　农业机械购置总额和农村人均收入关系

注解:左轴为农村人均收入(以前为纯收入,2014年开始为可支配收入),右轴为农机购置总额。

为此,本章采用格兰杰因果关系检验分析农机购置补贴政策促进我国农业机械化发展的效果,具体来说,回答以下三个问题:首先,农机补贴政策在不同地区的实现形式和具体效果是否具有差异? 其次,地区间差异是否会反过来影响农机补贴政策? 最后,农机补贴政策在不同地区的响应程度是否具有差异? 通过研究以上问题,为更有针对性地实施差异化的农机购置补贴政策、更好地促进农业机械化发展进而推动工农协调发展提供参考和依据。

7.3　模型选择和数据来源

首先,将全国 31 个省、市、自治区、划分为东部、中部和西部,运用增广迪基—富勒检验对农机购置补贴额、农机购置总额、农机总动力、农业人口数、农业人口收入、种植面积等进行平稳性检验;其次,在此基础上,运用面板协整检验方法,重点对中西部地区农机购置补贴额、农机购置总额、农机总动力、大/中型拖拉机数量和农业人口收入等进行协整关系分析,找出以上变量两两之间可能存在的长期均衡关系,为进一步探讨因果关系提供初步的定性依据;最后,运用格兰杰因果关系检验明确以上变量两两之间可能存在的因果关系,结合脉冲响应函数分析农机购置补贴政策在不同地区的实现形式、响应程度和补贴效果。

考虑面板数据可能出现的异质性,选择 Taylor & Sarno (1998) 提出的多变量增广迪基—富勒检验(multivariate augmented Dickey-Fuller test,MADF)用以检验变量的平稳性。对于以下由 N 个序列组成的面板:

$$y_{it} = \alpha_i + \sum_{s=1}^{k} \beta_{is} y_{i,t-s} + \mu_{is} \tag{7-1}$$

其中 $i=1,\cdots,N$;各序列的随机扰动项 $\mu_{1t},\cdots,\mu_{Nt}$ 相互独立且服从期望为 0 的分布。考虑扰动项可能存在同期相关性,采用似不相关回归(SUR),构造 Wald 统计量 MADF 用于检验。与分别检验单个序列平稳性的增广迪基—富勒检验(ADF)不同,MADF 是一种联合检验,其原假设为:

$$y_{it} = \alpha_i + \sum_{s=1}^{k} \beta_{is} y_{i,t-s} + \mu_{is} \tag{7-2}$$

即所有序列均为非平稳的单位根过程；备择假设为存在不为 1 的 β_i ，即至少有一个序列是平稳的。MADF 允许滞后阶数存在异质性，且在备择假设下，不同序列各滞后期的回归系数之和 β_i 可以不同（Camarero & Tamarit，2004）。

其次，运用协整分析检验各变量之间是否具有长期稳定关系。协整分析的基本思想是：如果一个包含非平稳变量的系统是均衡的，那么必然意味着这些非平稳变量的某种线性组合是平稳的（庞皓，2010）。这是因为多个单位根序列可能拥有"共同随机趋势"，其可以通过适当的线性组合消去从而得到平稳序列（陈强，2015），此种协整关系即可用于分析变量间的长期均衡关系。

面板数据的协整检验方法可分为两大类：一类以存在协整关系为原假设，另一类则以不存在协整关系为原假设。针对后一类基于残差序列单位根检验的方法的缺陷（如要求原序列长期协整向量与差分序列短期调整过程一致），Westerlund（2007）提出了基于模型结构的协整检验方法，将"不存在协整关系"的原假设转换为检验"不存在误差修正过程"的原假设。对于以下面板误差修正模型：

$$y_{it} = \delta'_i d_t + \alpha_i(y_{i,t-1} - \beta'_i x_{i,t-1}) + \sum_{j=1}^{p_i} \alpha_{ij} y_{i,t-j} + \sum_{j=0}^{p_i} \gamma_{ij} x_{i,t-j} + e_{it}$$

$$(7-3)$$

其中，$t=1,\cdots,T$ 与 $i=1,\cdots,N$ 分别为时间序列和截面单元，d_t 为决定因子，分三类情况：如果 $d_t=0$，模型中无决定因子项；如果 $d_t=1$，则 y_{it} 包含常数项；如果 d_t 为一列向量 $(1,t)'$，则 y_{it} 同时包含常数项与趋势项。x_{it} 为 K 维向量的非协整随机游走序列，因而 x_{it} 与扰动项 e_{it} 相互独立，并假定各序列和截面单元的扰动项 e_{it} 亦相互独立。$y_{i,t-1} - \beta'_i x_{i,t-1}$ 为一个平稳序列，向量 β_i 代表 y_{it} 与 x_{it} 间的长期均衡关系，α_i 即代表偏离均衡状态 $y_{i,t-1} - \beta'_i x_{i,t-1}$ 后的修正速度。若 $\alpha_i < 0$，误差修正过程存在，y_{it} 与 x_{it} 存在协整关系（朱琰洁，2016）；若 $\alpha_i = 0$，误差修正过程不存在，y_{it} 与 x_{it} 不存在协整关系。故原假设为：

$$H_0 : \alpha_i = 0, i = 1,\cdots,N \qquad (7-4)$$

备择假设方面，I：考虑异质面板条件下是否存在协整关系。在各截面 α_i 值不相等条件下进行面板检验，组统计量 G_t 和 G_a 为：

$$G_t = \frac{1}{N} \sum_{i=1}^{N} \frac{\hat{\alpha}_i}{SE(\hat{\alpha}_i)}$$

(7-5)

$$G_a = \frac{1}{N} \sum_{i=1}^{N} \frac{T\hat{\alpha}_i}{\hat{\alpha}_i(1)}$$

其中 $SE(\hat{\alpha}_i)$ 为 $\hat{\alpha}_i$ 的标准误差，$\hat{\alpha}_i(1)$ 由 Newey and West(1994)提出的长期均衡方差估计量算得。备择假设为：

$$H_a^g : \alpha_i < 0 \text{ 对至少一个 i 成立}$$

(7-6)

II:考虑面板整体是否存在协整关系。在同质面板(即各截面 α_i 值相等)条件下进行组均值检验,面板统计量 P_t 和 P_a 为：

$$P_t = \frac{\hat{\alpha}}{SE(\hat{\alpha})}$$

(7-7)

$$P_a = T\hat{\alpha}$$

其中

$$\hat{\alpha} = (\sum_{i=1}^{N} \sum_{t=2}^{T} \widetilde{y}_{i,t-1}^2)^{-1} \sum_{i=1}^{N} \sum_{t=2}^{T} \frac{1}{\hat{\alpha}_i(1)} \widetilde{y}_{i,t-1} \Delta \widetilde{y}_{it}$$

$$SE(\hat{\alpha}) = ((\hat{S}_N^2)^{-1} \sum_{i=1}^{N} \sum_{t=2}^{T} \widetilde{y}_{i,t-1}^2)^{-\frac{1}{2}}$$

备择假设为：

$$H_a^p : \alpha_i = \alpha < 0, i = 1, \cdots, N$$

(7-8)

再次,运用格兰杰因果关系检验分析变量间可能存在的因果关系。真实的因果关系往往无法由经济理论给出较强的先验假设,对此,Granger 于 1969 年提出了格兰杰检验的基本思想:原因必发生于结果之前,并对结果具有解释力或预测力;反之则不然,发生于原因之后的结果对于原因(的未来值)不具有此种解释力或预测力。此种原因称"格兰杰原因"。

为明确双向的格兰杰因果关系,对以下自回归分布滞后模型：

$$y_t = \gamma + \sum_{i=1}^{j} \alpha_i y_{t-i} + \sum_{i=1}^{j} \beta_i x_{t-i} + \varepsilon_t$$

(7-9)

将 x 与 y 位置对调,得：

$$y_t = \gamma_1 + \sum_{i=1}^{j} \alpha_{1i} y_{t-i} + \sum_{i=1}^{j} \beta_{1i} x_{t-i} + \varepsilon_{1t}$$

$$x_t = \gamma_2 + \sum_{i=1}^{j} \alpha_{2i} y_{t-i} + \sum_{i=1}^{j} \beta_{2i} x_{t-i} + \varepsilon_{2t}$$

(7-10)

其中 ε_{1t}、ε_{2t} 不相关。对以上两式进行估计,分别检验 x、y 各动态乘数

的显著性,原假设为:

$$H_0^y : \beta_{1i} = 0, i = 1, \cdots, j$$

$$H_0^x : \alpha_{2i} = 0, i = 1, \cdots, j \qquad (7\text{-}11)$$

即 x、y 各动态乘数均为0,此时 x、y 不互为格兰杰原因。若拒绝 H_0^y,即 x 存在不为0的动态乘数,则 x 为 y 的格兰杰原因;若拒绝 H_0^x,即 y 存在不为0的动态乘数,则 y 为 x 的格兰杰原因;若同时拒绝 H_0^y、H_0^x,则存在双向格兰杰因果关系,x、y 互为格兰杰原因。

应当指出的是:格兰杰因果关系只是一种动态相关关系,至多是真正因果关系的必要条件;其只适用于平稳序列或协整单位根过程,否则应对原序列进行差分,得到平稳序列后再进行检验(陈强,2015)。在后一种情况下,可建立如下向量误差修正模型(VECM):

$$\begin{bmatrix} \Delta y_{it} \\ \Delta x_{it} \end{bmatrix} = \begin{bmatrix} \alpha_1 \\ \alpha_2 \end{bmatrix} + \sum_{p=1}^{q} \begin{bmatrix} \beta_{11t} & \beta_{12t} \\ \beta_{21t} & \beta_{22t} \end{bmatrix} \begin{bmatrix} \Delta y_{i,t-p} \\ \Delta x_{i,t-p} \end{bmatrix} + \begin{bmatrix} \theta_1 \\ \theta_2 \end{bmatrix} ECT_{i,t-1} + \begin{bmatrix} \varepsilon_{1it} \\ \varepsilon_{2it} \end{bmatrix}$$

$$(7\text{-}12)$$

其中 ECT 为误差修正向量。考察系数矩阵的显著性,可判断序列间的长期均衡关系是否存在。

最后,使用脉冲响应函数方法分析变量间变化的相互预期影响。对于平稳的一阶自回归序列 AR(1),对其反复进行滞后一期并回代的操作,最终可化为无穷阶移动平均过程 MA(∞)。其中,对于 y_t 和滞后 j 期的扰动项 ε_{t-j},定义脉冲响应函数(impulse response function,IRF)为:

$$IRF(j) \equiv \frac{\partial y_t}{\partial \varepsilon_{t-j}} \qquad (7\text{-}13)$$

其表示($t-j$)期的扰动项 ε_{t-j} 变化 1 单位对相隔 j 期的 y_t 的平均影响,是间隔期数 j 的函数。对于多个变量的情形,可采用向量自回归(vector autoregression,VAR)方法,将其作为一个系统进行预测。以两个变量为例:

$$y_{1t} = \gamma_1 + \sum_{i=1}^{j} \alpha_{1i} y_{1,t-i} + \sum_{i=1}^{j} \beta_{1i} y_{2,t-i} + \varepsilon_{1t}$$

$$y_{2t} = \gamma_2 + \sum_{i=1}^{j} \alpha_{2i} y_{1,t-i} + \sum_{i=1}^{j} \beta_{2i} y_{2,t-i} + \varepsilon_{2t} \qquad (7\text{-}14)$$

其中扰动项 ε_{1t}、ε_{2t} 无自相关。记向量 $y_t = \begin{bmatrix} y_{1t} \\ y_{2t} \end{bmatrix}$、$\varepsilon_t = \begin{bmatrix} \varepsilon_{1t} \\ \varepsilon_{2t} \end{bmatrix}$,并定义系

数向量/矩阵 $\Gamma_0 = \begin{bmatrix} \gamma_1 \\ \gamma_2 \end{bmatrix}$、$\Gamma_i(i \geqslant 1) = \begin{bmatrix} \alpha_{1i} & \beta_{1i} \\ \alpha_{2i} & \beta_{2i} \end{bmatrix}$，则可化为以下形式：

$$y_t = \Gamma_0 + \sum_{i=1}^{j} \Gamma_i y_{t-i} + \varepsilon_t \qquad (7-15)$$

此即 j 阶向量自回归过程 VAR(j)。相似地，其也可以化为无穷阶向量移动平均过程 VMA(∞)：

$$y_t = \alpha + \varepsilon_t + \sum_{i=1}^{\infty} \Psi_i \varepsilon_{t-i} \qquad (7-16)$$

式中的矩阵 Ψ_i 即为列向量 y_t 对滞后 i 期的扰动项行向量 ε'_{t-i} 的偏导数。其中 $i \geqslant 1$（规定 Ψ_0 为一单位矩阵），其维数等于变量个数。Ψ_i 为单变量 IRF 向多变量的推广，第 m 个变量滞后 i 期的扰动项对第 n 个变量的影响即为 Ψ_i 中位于第 n 行、第 m 列的元素。例如，对于上述两个变量的模型，有：

$$\Psi_i = \frac{\partial y_t}{\partial \varepsilon'_{t-i}} = \begin{bmatrix} \dfrac{\partial y_{1t}}{\partial \varepsilon_{1,t-i}} & \dfrac{\partial y_{1t}}{\partial \varepsilon_{2,t-i}} \\[3mm] \dfrac{\partial y_{2t}}{\partial \varepsilon_{1,t-i}} & \dfrac{\partial y_{2t}}{\partial \varepsilon_{2,t-i}} \end{bmatrix} \qquad (7-17)$$

对于多变量情形，IRF 的一个缺点是不允许扰动项存在同期相关性。对此，从扰动项向量 ε_t 中分离出相互正交的部分并将方差标准化为 1，基于所得向量 υ_t 可建立正交化脉冲响应函数（OIRF）。OIRF 依赖于变量的次序（即多个变量相互影响的前因后果）（陈强，2015），因此需在前文所述的格兰杰因果关系检验基础上进行。

数据方面，中央财政补贴全国数据来源于《中国农业机械工业年鉴》；2020 年各省数据为 2019 年中央财政提前下达的情况，均来源于互联网，后续可能增加补贴批次；分省农业机械数据整体来源于《中国农业机械化年鉴》。数据主体来源于年鉴，大部分缺失数据来源于官方统计数据，如省政府网站、财政厅、农业厅或农机局资金下拨的具体文件；播种面积和农村人均收入来自历年《中国统计年鉴》；2007—2018 年乡村人口教育程度分类来自《中国人口和就业统计年鉴》；2004—2006 年乡村人口教育程度分类来自《中国人口统计年鉴》。

具体个别年份数据：2004 年、2007 年、2008 年陕西数据来源于《陕西年鉴》；2016 年安徽数据来源于《安徽年鉴》；2006 年、2010 年北京数据来源于《北京年鉴》；2007 年、2012 年、2016 年、2018 年重庆数据来源于《重庆年鉴》;2006—2008 年福建数据来源于《福建年鉴》;2012 年广西数据来源于《广西年鉴》;2017 年海南数据来源于《海南年鉴》;2011 年黑龙江数据来源于《黑龙江年鉴》;2004 年、2014 年湖北数据来源于《湖北年鉴》;2013 年、2014 年、2015 年、2018 年湖南数据来源于《湖南年鉴》;2007 年、2011—2013 年江苏数据来源于《江苏年鉴》;2014—2015 年江西数据来源于《江西年鉴》;2017 年吉林数据来源于《吉林年鉴》;2004 年辽宁数据来源于《辽宁年鉴》;2016 年宁夏数据来源于《宁夏年鉴》;2004 年北京数据来源于《北京年鉴》;2012 年上海数据来源于《上海年鉴》;2007 年、2014—2015 年陕西数据来源于《陕西年鉴》;2005—2007 年、2015—2016 年四川数据来源于《四川年鉴》;2010 年天津数据来源于《天津年鉴》;2008 年、2016 年云南数据来源于《云南年鉴》;2013 年、2015 年浙江数据来源于《浙江年鉴》;2006 年宁夏数据来源于《宁夏财政统计年鉴》;2008 年、2014 年、2016 年、2017 年山东省数据来自期刊《山东农机化》的省级会议报道。

7.4 结果分析

7.4.1 序列平稳性检验

本书研究的时间段为 2004—2019 年,共 16 年,即 T=16。为满足平稳性检验 N<T 的要求,按照目前普遍采用的划分方法,将全国 31 个省、市、自治区分为东、中、西三个区域。东部地区包括北京、天津、河北、辽宁、上海、江苏、浙江、福建、山东、广东和海南,共 11 个省、市;中部地区包括山西、吉林、黑龙江、安徽、江西、河南、湖北和湖南,共 8 个省;西部地区包括内蒙古、广西、重庆、四川、贵州、云南、西藏、陕西、甘肃、青海、宁夏和新疆,共 12 个省、市、自治区。从变量平稳性检验结果看,各变量的全国和各区域数据存在较大差异(表 7-2)。

表 7-2　变量平稳性 MADF 分区检验结果

变量	平稳性检验	全国	东部	中部	西部
农机购置总额	MADF	1.3	1067.5	93.3	44.2
	Ha	Yes	No	No	Yes
农机购置补贴	MADF	1.5	3002.2	28.3	42.6
	Ha	Yes	No	Yes	Yes
农业机械总动力	MADF	4.7	905.2	106.4	123.4
	Ha	Yes	No	No	Yes
大中型拖拉机	MADF	3.2	689.9	64.6	76.6
	Ha	Yes	No	Yes	No
小型拖拉机	MADF	5.5	1 120.3	381.3	103.8
	Ha	Yes	No	No	Yes
农业人口数	MADF	1.9	3 557.9	193.8	190.3
	Ha	Yes	No	No	No
农业人口收入	MADF	2.7	3 685.0	156.5	62.4
	Ha	Yes	No	No	Yes
种植面积	MADF	2.0	14 610.2	132.7	123.6
	Ha	Yes	No	No	No

注:显著性水平为 5%;Ha:拒绝原假设,至少有一个序列是平稳的。

7.4.2　协整关系分析

由于协整要求地区内各变量是同质的,因此,可进行如下分区协整检验。对于西部地区,农机购置总额(原始或取对数)、农业机械总动力、小型拖拉机数都可以与农业补贴(原始数据)、农民人均收入(取对数)进行协整分析;对于中部地区,大型拖拉机数可以与农业补贴(原始数据)进行协整分析;东部地区不符合协整检验假设。

第一,在西部地区,农业机械总动力与农业机械补贴存在协整关系,这个结果预示着农业机械补贴可能导致西部省份农业机械总动力增加(表 7-3)。

农业机械化赋能工农协调发展

表7-3　西部地区农机补贴、农机购置、农民收入和农业机械化发展协整关系检验

协整变量	统计量	估计值	Z-值	P-值	Robust P-值
农机总动力与农机补贴	Gt	−2.512	−2.454	0.007	0.080
	Ga	−3.029	2.267	0.988	0.570
	Pt	−6.947	−2.619	0.004	0.000
	Pa	−2.566	1.125	0.870	0.970
农机购置与农机补贴	Gt	−0.553	4.089	1.000	0.970
	Ga	−1.407	3.161	0.999	0.940
	Pt	−3.501	0.846	0.801	0.430
	Pa	−3.015	0.821	0.794	0.360
小型拖拉机数与农机补贴	Gt	−0.996	2.611	0.996	0.770
	Ga	−3.140	2.206	0.986	0.360
	Pt	−3.534	0.813	0.792	0.400
	Pa	−2.305	1.301	0.903	0.400
农机购置总额与农民收入	Gt	−0.505	4.249	1.000	0.960
	Ga	−1.221	3.263	0.999	0.850
	Pt	−0.718	3.646	1.000	0.850
	Pa	−0.786	2.328	0.990	0.690
农机总动力与农民人均收入	Gt	−1.322	1.522	0.936	0.480
	Ga	−1.730	2.983	0.999	0.800
	Pt	−5.664	−1.329	0.092	0.020
	Pa	−2.345	1.274	0.899	0.930
小拖拉机数与农民人均收入	Gt	−1.381	1.323	0.907	0.600
	Ga	−2.479	2.570	0.995	0.600
	Pt	−4.053	0.292	0.615	0.200
	Pa	−2.943	0.870	0.808	0.080

注:原假设:不存在协整关系。

第二,在西部地区,农业机械购置与农业机械补贴不存在协整关系,小型拖拉机数与农业机械补贴不存在协整关系,农业机械购置与农民收入不存在协整关系。这些结果说明,农业机械补贴可能不会刺激农业机械购置投入和小型拖拉机拥有量增加;农民收入可能对农业机械购置投资没有显著效果。

第三,在西部地区,小型拖拉机数与农业机械补贴不存在协整关系,这个结果预示着农业机械补贴可能不会导致小型拖拉机拥有量的增加。

第四,在西部地区,农业机械购置与农业机械补贴不存在协整关系,这个结果预示着农业机械补贴可能不会导致农业机械购置总额的增加。

第五,在西部地区,农业机械总动力与农民人均收入存在协整关系,但各省的农业机械总动力与农民人均收入不存在协整关系。这个结果说明,从理论或整体上讲,在整个西部地区农民收入可能推动农业机械总动力增加,但是实际上或局部来看,在整个西部地区农民收入推动农业机械总动力增加的力度有限。事实上,整个西部地区农民收入水平较低,农业机械购买能力不足。

第六,在西部地区,小拖拉机数量与农民人均收入不存在协整关系。从理论上讲,西部地区农民收入不可能推动小拖拉机数量增加。换句话说,在整个西部地区农民收入推动小拖拉机数增加的力度有限。这个结果从另一个角度,映射了整个西部地区农民收入水平较低。

第七,在中部地区,大型拖拉机和农业机械补贴不存在协整关系,这个结果预示着中部地区农业机械补贴可能不会导致大型拖拉机数量增加(表7–4)。

表7–4　中部地区农业补贴和大型拖拉机的协整关系检验结果

统计量	估计值	Z–值	P–值	Robust P–值
Gt	−0.657	3.742	1.000	0.910
Ga	−0.044	3.912	1.000	1.000
Pt	−0.998	3.364	1.000	0.700
Pa	−0.509	2.515	0.994	0.690

原假设:不存在协整关系。

7.4.3　原序列因果检验

首先,在全国的整体水平。表7–5显示农机补贴和农机购置不存在格兰杰因果关系,图7–3显示两者间变化的相互预期影响形成的脉冲响应也不是很显著,大多发生在4年的时点上。这个结果也表明短期内的相互影响十分有限,两者间解释力十分有限。

表 7-5　农机补贴和农机购置的格兰杰因果关系检验结果（原序列）

区域	非格兰杰原因	chi2	概率> chi2	检验结果
全国：				
农机补贴	农机购置	2.150 9	0.142	购置额不是补贴的格兰杰原因
农机购置	农机补贴	1.316 4	0.251	补贴不是购置额的格兰杰原因
东部地区：				
农机补贴	农机购置	1.369 1	0.242	购置额不是补贴的格兰杰原因
农机购置	农机补贴	0.084 76	0.771	补贴不是购置额的格兰杰原因
中部地区：				
农机补贴	农机购置	1.273 3	0.259	购置额不是补贴的格兰杰原因
农机购置	农机补贴	1.091 3	0.296	补贴不是购置额的格兰杰原因
西部地区：				
农机补贴	农机购置	0.101 08	0.751	购置额不是补贴的格兰杰原因
农机购置	农机补贴	0.076 53	0.782	补贴不是购置额的格兰杰原因

注：*** 表示 1% 的显著性水平，** 表示 5% 的显著性水平，* 表示 10% 的显著性水平。

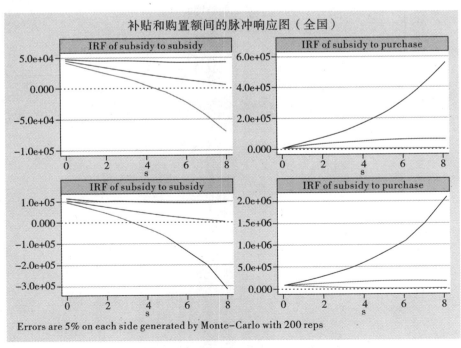

图 7-3　全国农机购置和农机补贴的脉冲响应（原序列）

其次,从表7-5分区域格兰杰因果检验结果看,东部、中部和西部地区,在农机购置和农机补贴间均不存在单向或双向的格兰杰因果关系。

最后,从图7-4的脉冲响应来看,在东部和中部地区,两者间的相互影响多发生在 4 年时点前后,而西部地区则发生得更加滞后,多在 6 年的时点上。由此可见,两者间的相互影响在短期的效应是十分有限的,甚至可以用微弱来形容。

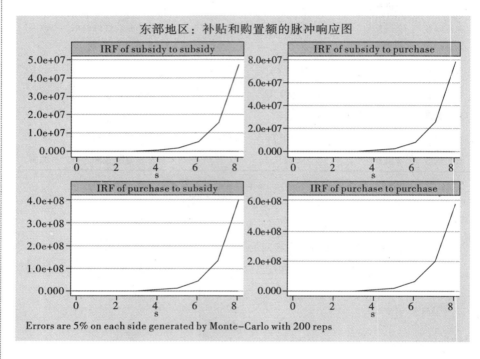

东部地区:补贴和购置额的脉冲响应图

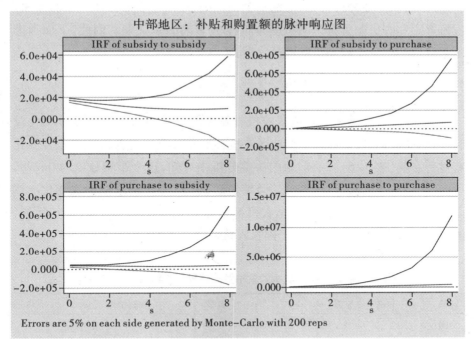

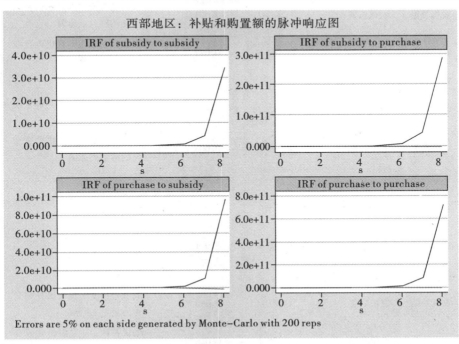

图7-4 东、中、西分区域农机购置额和农机购置补贴的脉冲响应（原序列）

总之,从上述分析可见,不论是全国范围,还是东中西分区域检验结果,农机补贴和农机购置都未有或者未产生显著的因果关系。因此,下面考虑是否可以从差分序列的角度进行分析。

7.4.4 差分序列因果检验

第一,尽管全国和东部地区农机补贴差分变化对农机购置差分变化没有显著影响,但是,中部和西部地区农机补贴差分变化对农机购置差分变化有显著影响(表7-6)。从前面的协整分析中可知,这个影响数值为0.298,亦即,一个单位的农机补贴变化,会带来0.298个单位的农机购置变化。然而,这个影响效果比较接近国家农机补贴的百分比(25%左右),换句话说,国家农机补贴的效果,仅仅高于国家农机补贴的4.8个百分点。

表7-6 农机补贴和农机购置格兰杰因果检验结果(差分序列)

区域	非格兰杰原因	chi2	概率> chi2	检验结果
全国:				
农机补贴	农机购置	0.453 71	0.501	农机购置变化不是农机补贴变化的格兰杰原因
农机购置	农机补贴	4.901 8	0.027 **	农机补贴变化是农机购置变化的格兰杰原因
东部地区:				
农机补贴	农机购置	0.187 74	0.665	农机购置变化不是农机补贴变化的格兰杰原因
农机购置	农机补贴	8.736 9	0.003 **	农机补贴变化是农机购置变化的格兰杰原因
中部地区:				
农机补贴	农机购置	3.219 4	0.073 *	农机购置变化是农机补贴变化的格兰杰原因
农机购置	农机补贴	6.495 2	0.011 **	农机补贴变化是农机购置变化的格兰杰原因
西部地区:				
农机补贴	农机购置	12.819	0.000 ***	农机购置变化是农机补贴变化的格兰杰原因
农机购置	农机补贴	4.926 2	0.026 **	农机补贴变化是农机购置变化的格兰杰原因

注:*** 表示1%的显著性水平,** 表示5%的显著性水平,* 表示10%的显著性水平。

第二,农机购置对农机补贴程度反应敏感。图 7-5 给出全国农机补贴和农机购置差分序列脉冲响应结果。可以看出,其变化时点都发生在 1 年这个时间点上。比较原数列的脉冲响应结果,可见发现全国农机补贴变化对农机购置变化的影响比较大,农机购置通常都对农机补贴程度变动较为敏感,相反,单纯对农机补贴数值反映较为迟钝。图 7-6 给出了各地区农机补贴和农机购置差分序列脉冲响应结果。

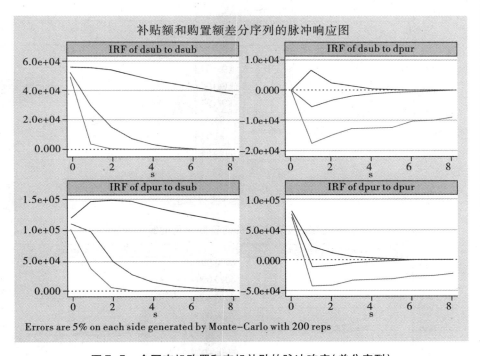

图 7-5　全国农机购置和农机补贴的脉冲响应(差分序列)

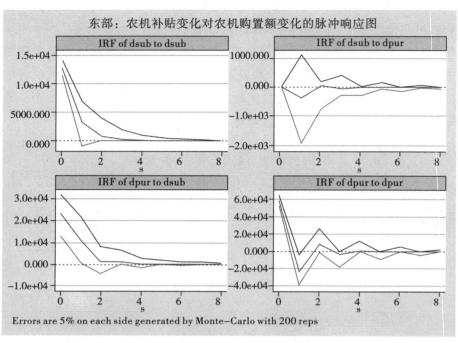

东部：农机补贴变化对农机购置额变化的脉冲响应图

Errors are 5% on each side generated by Monte-Carlo with 200 reps

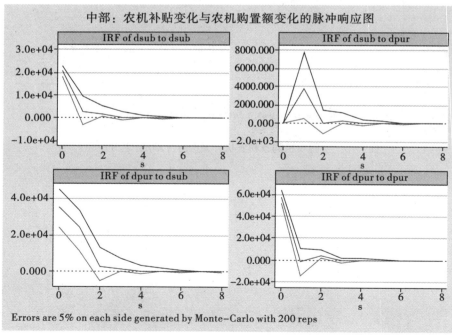

中部：农机补贴变化与农机购置额变化的脉冲响应图

Errors are 5% on each side generated by Monte-Carlo with 200 reps

农业机械化赋能工农协调发展

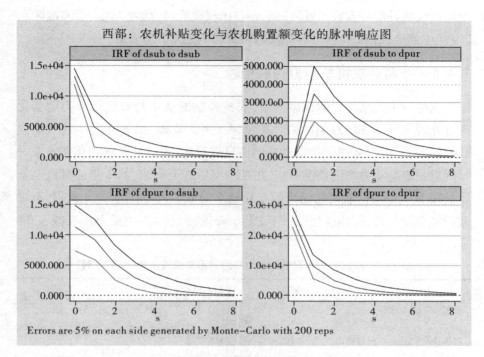

图7-6　东、中、西分区域农机购置额和农机购置补贴脉冲响应(差分序列)

第三,从格兰杰因果检验的结果来看,各区域的检验结果存在显著差异。东部表现为单向的格兰杰因果关系,即农机补贴差分是农机购置差分变化的格兰杰原因,但反之不存在。但中部和西部地区来说,则表现为双向的格兰杰因果关系,亦即,互为格兰杰原因。由此可见,东部地区在农机补贴的政策制定上更加倾向于考虑农机实际购置支出变化,而中西部地区的政策则更加稳定一些。这可能是由于中、西部地区的农业机械化发展水平要落后于东部地区。因而,政府在政策制定上更需要加大中西部地区的农机补贴力度。

第四,进一步观察协整分析结果发现,中部和西部地区的协整系数差异较大。具体来说,中部地区一单位的农机补贴变化只能产生0.05倍的农机购置变化;相反,西部地区一单位的农机补贴变化则能带来0.39倍的农机购置变化。由此可见,西部地区对农机补贴政策的调整似乎更加富有弹性。

第五,观察农机补贴对农机购置影响,发现不论哪个地区,农机补贴的变化都是农机购置变化的格兰杰原因。进而查看其协整分析结果,发现三个地区农机补贴对农机购置的影响系数比较接近,分别为 2.22(东部地区)、2.49(中部地区)和 2.34(西部地区)可见影响是十分显著的。

7.4.5　补贴和农机总动力因果检验

从格兰杰因果检验的结果来看,农机补贴的变化与农机总动力的变化间存在着十分显著的双向的格兰杰因果关系。亦即,两者互为格兰杰原因(表 7-7)。同样,从图 7-7 的脉冲响应可以看出,农机补贴的变化在未来一年内对农机总动力产生较强影响,并在一年后逐渐衰减,到 2 年的时点上基本衰减为 0。同样,农机总动力的变化也会对农机补贴产生一定影响,不过较前者要弱一些,同样也会在一年之后开始衰减,在 2 年之后基本衰减至 0。

表 7-7　农机补贴和农机总动力格兰杰因果检验结果(差分序列)

区域	非格兰杰原因	chi2	概率> chi2	检验结果
全国:				
农机补贴	农机总动力	9.261 6	0.002 ***	农机总动力变化是农机补贴变化的格兰杰原因
农机总动力	农机补贴	8.490 1	0.004 ***	农机补贴变化是农机总动力的变化格兰杰原因
东部地区:				
农机补贴	农机总动力	0.106 3	0.918	农机总动力变化不是农机补贴变化的格兰杰原因
农机总动力	农机补贴	15.725	0.000 ***	农机补贴变化是农机总动力变化的格兰杰原因
中部地区:				
农机补贴	农机总动力	3.230 3	0.072 **	农机总动力变化是农机补贴变化的格兰杰原因
农机总动力	农机补贴	9.262 3	0.002 ***	农机补贴变化是农机总动力变化的格兰杰原因
西部地区:				
农机补贴	农机总动力	3.564 5	0.059 **	农机总动力变化是农机补贴变化的格兰杰原因
农机总动力	农机补贴	3.223 1	0.073 **	农机补贴变化是农机总动力变化的格兰杰原因

注:*** 表示1%的显著性水平,** 表示5%的显著性水平,* 表示10%的显著性水平。

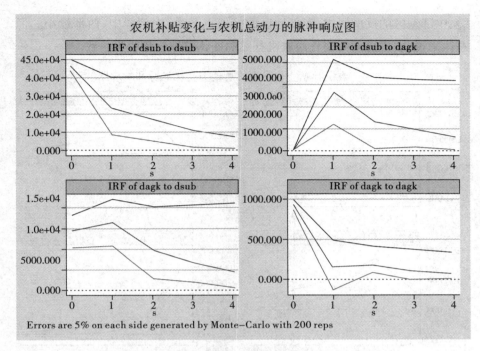

图7-7　全国农机补贴和农机总动力脉冲响应(差分序列)

　　从图7-8可以看出,东部与中部和西部地区存在差异。比如,在东部的格兰杰因果分析中可以看到农机总动力不是农机补贴的格兰杰原因,但农机补贴是农机总动力的格兰杰原因,即在东部地区农机补贴和农机总动力间表现为单向的格兰杰因果关系。中部与西部则完全不同,表现出双向的格兰杰因果关系,可解释为农机补贴变化是农机总动力变化的格兰杰原因,同时,农机总动力的变化也是农机补贴变化的格兰杰原因。

　　从脉冲响应图可以分别看到东部地区、中部地区和西部地区的脉冲响应的时间基本在一年内表现得比较明显,一年之后呈衰弱趋势、逐渐衰减为零,但分别来看又有不同的特点。比如,东部地区农机补贴变化对农机总动力的影响相对来说比较弱,整个变化趋势曲线相对于中西部地区的脉冲响应曲线来说比较平坦。然而,中西部地区脉冲峰值较大,可以看出相同的农机补贴变化在中部和西部所引起的农机总动力的变化,可达到东部地区的50倍左右。农机总动力变化对农机补贴额变化的对比,总体来说,三个地区在这部分脉冲响应图上表现出来的总体趋势大体一致,峰值点也都出现在一年的时点上。其中,东部地区的反应最为剧烈、西部地区的反应相对平

缓、中部地区的反应居中；东部地区的峰值点最大、中部居中、西部最小。但
总体来说，农机总动力变化对农机补贴的变化整体趋势较为一致。

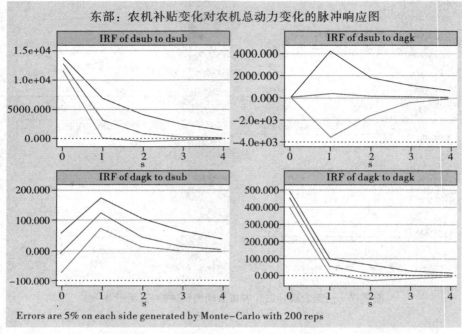

东部：农机补贴变化对农机总动力变化的脉冲响应图

Errors are 5% on each side generated by Monte-Carlo with 200 reps

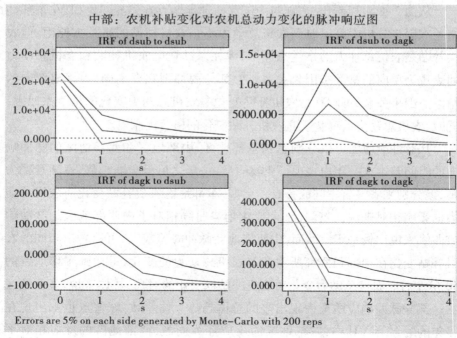

中部：农机补贴变化对农机总动力变化的脉冲响应图

Errors are 5% on each side generated by Monte-Carlo with 200 reps

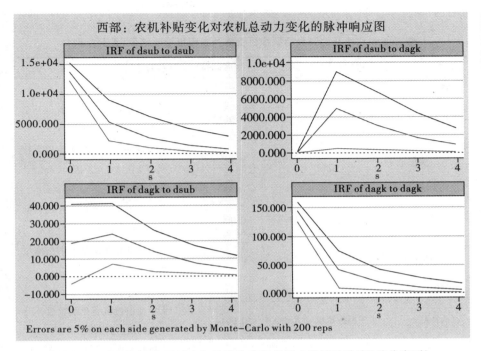

图7-8　东、中、西分区域农机补贴和农机总动力的脉冲响应(差分序列)

7.4.6　补贴和大中型拖拉机拥有量因果检验

　　从全国结果可以看出,大中型拖拉机数量的年变化量是农机补贴年变化量的格兰杰原因(表7-8),反之,农机补贴年变化量不是大中型拖拉机数量变化的原因。东部地区也检验出与全国结果相似的结果,即大中型拖拉机台数对农机补贴的单向格兰杰原因;而中部地区和西部地区则检验出大中型拖拉机与农机补贴间双向的格兰杰原因,两者变化量间存在相互的格兰杰原因。考虑到中西部地区经济发展水平较东部地区要低的基本情况,购置大中型拖拉机的价格会相对较高。中部和西部地区农民购置大中型拖拉机时,可能会更多考虑到农机补贴。同样对于政府而言,农机补贴数额也会参考大中型拖拉机数量增加或减少的情况来进行适度的调整。由此,也反映出中西部地区在购置大中型拖拉机时,会更多的依靠政府补贴来实现。而对于东部地区,由于农民的人均收入水平更高一些,因此,东部地区农民在进行大中型拖拉机购置的时候,可能考虑农机补贴的因素要低于中西部地区的农民。

表 7-8　农机补贴和大中型拖拉机格兰杰因果检验结果（差分序列）

区域	非格兰杰原因	chi2	概率> chi2	检验结果
全国：				
农机补贴	大中型拖拉机	3.083	0.079 *	大中型拖拉机变化是农机补贴变化的格兰杰原因
大中型拖拉机	农机补贴	2.628	0.105	农机补贴变化不是大中型拖拉机的变化格兰杰原因
东部地区：				
农机补贴	大中型拖拉机	14.839	0.000 ***	大中型拖拉机变化是农机补贴变化的格兰杰原因
大中型拖拉机	农机补贴	0.859 5	0.354	农机补贴变化不是大中型拖拉机变化的格兰杰原因
中部地区：				
农机补贴	大中型拖拉机	8.363 4	0.004 ***	大中型拖拉机变化是农机补贴变化的格兰杰原因
大中型拖拉机	农机补贴	14.657	0.000 ***	农机补贴变化是大中型拖拉机变化的格兰杰原因
西部地区：				
农机补贴	大中型拖拉机	10.084	0.001 ***	大中型拖拉机变化是农机补贴变化的格兰杰原因
大中型拖拉机	农机补贴	13.835	0.000 ***	农机补贴变化是大中型拖拉机变化的格兰杰原因

注：*** 表示 1% 的显著性水平，** 表示 5% 的显著性水平，* 表示 10% 的显著性水平。

8 主要结论与政策启示

本书从工农关系的宏观视角出发,在回顾我国工农关系历史变迁的基础上,对农业机械化的功能、地位进行重新审视,阐明"农业的根本出路在于机械化"这一论断的正确性和现实意义,考察了农业机械化对工农协调发展的积极促进作用,提出农业机械化赋能工农协调发展的研究假设,以二元经济理论、诱致性技术变迁理论、马克思主义工农关系相关论述等为理论基础,首先,通过回顾我国农业机械化发展与工农关系演进历程,识别影响工农协调发展的制度因素,明确农业机械化赋能工农协调发展的基本机理;其次,在测度我国工农协调发展水平的基础上,结合农业机械化发展主要指标构建 Tobit 模型,实证分析农业机械化促进工农协调发展的具体效果及区域差异性,并进一步讨论了我国当前工农关系的发展阶段、变化趋势以及相关制度和政策改革方向;最后,以农业机械化赋能协调发展的重要政策动力—农机补贴政策为研究对象,运用格兰杰因果关系检验考察其在不同地区的实现形式、响应程度和补贴效果,为进一步优化相关制度、政策,促进农业机械化高质量发展,更好地赋能工农协调发展提供依据和建议。

8.1 主要结论

本书主要结论如下:

第一,当前我国工农协调发展水平整体呈上升趋势,但可能仍处于"农业支持工业"的中后期阶段。阻碍工农协调发展的主要原因包括农业劳动生产率偏低、投入不足、技术互助程度不高;中部地区和粮食主产区 13 个省份的工业、服务业发展仍高度依赖农业支持而反哺农业力度不足,西部地区发展水平相对落后且产业间联系不紧密,造成这些地区工农协调发展水平未随经济整体发展和产业结构变化而同步提升;相反地,城镇化促进工农协调发展的效果已开始显现,在西部地区尤为明显。

第二,我国工农协调发展面临制度性、技术性障碍,制约了农业机械化赋能效果的发挥。农业机械与劳动力的替代弹性与边际替代关系分析结果表明我国"工业反哺农业"的技术效率和经济效益仍有提升空间,亦间接反映出我国农机工业供给水平仍然较低,工农产业发展差距仍然较大,工农产品不平等的交换关系以及农业规模经营、农村劳动力实质性转移的制度、政策障碍依然存在。要推进农业农村现代化,实现协调发展的目标,需要推动各领域、全方位制度改革,优化政策环境,使农业农村能够实现公平、全面发展。

第三,农业机械化赋能工农协调发展效果显著,其关键在于提升农机的使用效率和农机服务的可获得性,为更好地发挥其赋能效果,应加快推进农业机械化全面全程和高质量发展。农业机械化是"工业反哺农业"的直接形式,创新农机经营形式、加大补贴政策支持力度、提升农机使用效率、发展农机社会化服务能够从有效性和可得性两个层面提升农业机械化替代劳动力、提高生产效率和劳动生产率、降低生产成本、提高农民收入、促进土地规模经营的效果,全面增强"农业支持工业"的能力,从而释放农业发展潜力、提升农业发展水平、促进工农产业融合与技术互助,赋能工农协调发展。实证分析结果表明农机补贴政策促进工农协调发展的效果存在较大的区域差异,农机跨区作业的效果受到经济社会条件变化的影响;同时发现增加农机存量和使用成本投入均不能有效促进工农协调发展,这并非从技术上否定提升农机装备水平的必要性,而是反映了工农产品不平等的交换关系以及我国农业经营规模仍然偏小、比较收益和专业化程度仍然偏低的现实条件。要更好地发挥农业机械化赋能工农协调发展的效果,既要分区域、分产业、分品种、分环节明确和推进机械化发展目标任务,实现农业生产能力和经济效益的同步提升,更要进一步破除阻碍工农协调发展的一系列制度和政策障碍。

第四,农机购置补贴政策是农业机械化赋能工农协调发展的重要动力,其在不同地区的实现形式、响应程度和具体效果差异较大。农机购置对农机补贴的力度更加敏感,对农机补贴的数额则比较迟钝;农机购置对农机补贴有一定的反馈影响;中部地区和西部地区对农机补贴的力度比较敏感。针对不同地区间的差异,应因地制宜地调整、优化农机购置补贴政策,同时补齐农机工业发展的短板,积极引导、推动农机工业转型升级、技术创新突破,探索农业机械化高质量发展的新道路。

8.2　政策启示

在我国工农关系动态演进的历程中,相关制度和政策在不同时期的重大调整,对农业机械化和工农协调发展格局产生了深刻影响。要推进农业农村现代化,实现协调发展的任务目标,既要促进农业机械化高质量发展,更要不断破除制约协调发展的相关制度和政策障碍,促进土地流转和规模经营,为农业、农村创造公平、有利的发展环境。

农业机械化是"工业反哺农业"的重要形式和农业现代化的关键,应重视其衔接工农两大产业、促进产业间良性互动的作用,根据经济社会条件发展变化不断调整、优化相关政策,持续提高农机的使用效率和农机服务的可获得性,实现技术效率与经济效益的辩证统一,更好地发挥农业机械化赋能工农协调发展的作用。

工业、服务业是国民经济发展的主要推动力,但其对农业的反哺力度仍然不足。在提升农业发展水平、增强工业反哺农业能力的同时,应当着力发挥新型城镇化在要素集聚、农业人口转移和农业产业转型升级等方面的作用,使经济整体发展能够有效带动工农协调发展。

要实施差异化的农机补贴政策,特别是加大对经济发展水平较低的中西部省份的补贴力度,有效引导农民增加农机投资;同时,要引导农机工业积极转型升级,加快适用于山区、细碎地块的农业机械类型研发,补齐短板农机类型。通过持续调整和优化农机购置补贴政策,强化农业机械化在农业现代化中的基础地位和薄弱环节,在扩大需求的同时引导供给,在量的优势基础上实现质的飞跃,推动我国农业机械化高质量发展。农机工业是农业机械化发展的"原动力",农业补贴政策也应向农业机械制造行业适当延伸。

8.3 研究展望

　　农业机械化和工农协调发展均是综合性、整体性的概念，受到经济、技术、社会等众多因素的影响，这些因素之间也存在复杂的关系，限于篇幅和数据的可得性，未能对这些问题展开进一步研究。今后可能的研究方向有：针对农业生产的综合性、农业要素投入的不可分性特点，对不同区域农业机械化发展水平、驱动因素和影响因素等进行聚类分析和比较，以得到更加准确、具体、有针对性的结论；基于不同支持方式比较的农业机械化政策经济效果评估，构建更为全面的评价体系，对更长时间段内我国工农关系的演变及工农协调发展的影响因素进行实证研究等。

参考文献

[1]别红暄.新中国户籍制度的变迁与反思:基于国家建设理论的视角[J].探索,2019(6):129-137.

[2]蔡昉.农业劳动力转移潜力耗尽了吗?[J].中国农村经济,2018(9):2-13.

[3]蔡键,邵爽,刘文勇.土地流转与农业机械应用关系研究:基于河北、河南、山东三省的玉米机械化收割的分析[J].上海经济研究,2016(12):89-96.

[4]蔡键,唐忠.华北平原农业机械化发展及其服务市场形成[J].改革,2016(10):65-72.

[5]曹光乔,张进龙.新中国农业机械化事业的发展与进步[J].中国农机监理,2019(11):8-14.

[6]曹俊杰.实现由工业反哺农业向工农业协调发展战略转变?[J].中州学刊,2016(11):24-28.

[7]曹俊杰.我国几种工业反哺农业模式比较研究[J].农村经济,2017(3):6-12.

[8]陈江华,陈艳,罗明忠.农业机械应用对农村劳动力转移的影响:基于CLDS数据的分析[J].农林经济管理学报,2021,20(3):326-336.

[9]陈强.计量经济学及Stata应用[M].北京:高等教育出版社,2015.

[10]陈锡文.实施乡村振兴战略,推进农业农村现代化[J].中国农业大学学报(社会科学版),2018,35(1):5-12.

[11]陈旭,杨印生,魏思琳.基于向后逐步回归模型的我国农机需求特征及影响因素研究[J].数理统计与管理,2017,36(5):774-782.

[12]陈杨,张宗毅.农机购置补贴的空间溢出效应研究[J].农业现代化研究,2019,40(6):1029-1037.

[13]陈志,罗锡文,王锋德,等.从零基础到农机大国的发展之路:中国农机工业百年发展历程回顾[J].农学学报,2018,8(1):158-162.

[14]迟梦筠,龚勤林.工农业协调发展的当下问题与现实路径[J].理论探

讨,2015(3):87-90.

[15]崔敏,侯方安.信息化驱动农机社会化服务转型升级[J].农机科技推广,2019(11):51-53.

[16]邓鑫,漆雁斌,于伟咏.城镇化率与农机化程度的关系研究[J].农机化研究,2017,39(2):42-46.

[17]方师乐,黄祖辉.新中国成立70年来我国农业机械化的阶段性演变与发展趋势[J].农业经济问题,2019(10):36-49.

[18]方师乐,卫龙宝,伍骏骞.非农就业视角下城镇化对农业机械化的影响[J].经济理论与经济管理,2018(11):81-93.

[19]方师乐.城镇化背景下的中国农业机械化:跨区服务的视角[D].杭州:浙江大学,2017.

[20]冯海发.农业补贴制度改革的思路和措施[J].农业经济问题,2015,36(3):8-10.

[21]冯华超,卢扬,钟涨宝.土地调整的合理性与必要性:兼论土地制度改革的方向[J].西北农林科技大学学报(社会科学版),2018,18(1):10-17.

[22]冯启高,毛罕平.我国农业机械化发展现状及对策[J].农机化研究,2010,32(2):245-248.

[23]高升,邓峰.农村人口老龄化、农业机械化与小麦两阶段生产效率[J].技术经济与管理研究,2019(10):117-121.

[24]高延雷,张正岩,王志刚.城镇化提高了农业机械化水平吗?:自中国31个省(区、市)的面板证据[J].经济经纬,2020,37(3):37-44.

[25]龚勤林,邹冬寒.乡村振兴背景下工农城乡耦合协调水平测度及提升研究[J].软科学,2020,34(6):39-45.

[26]郭俊华,许佳瑜.工业化、信息化、城镇化、农业现代化"四化"同步协调发展测度与对策研究:以陕西为例[J].西北大学学报(哲学社会科学版),2017(4):32-39.

[27]广一霖.产业政策有效性视角下的政府作用[J].生产力研究,2021(1):31-35.

[28]韩长赋.中国农村土地制度改革[J].农业经济问题,2019,(1):4-16.

[29]郝雅静.财务信息化大数据在农机信息发布系统中的应用[J].农机化研究,2020,42(3):214-218.

[30] 胡新艳,杨晓莹,吕佳,等.服务外包与我国南方地区农业机械化发展：理论逻辑与经验分析[J].中国农业资源与区划,2016,37(3):162-168,183.

[31] 黄玛兰,李晓云,游良志.农业机械与农业劳动力投入对粮食产出的影响及其替代弹性[J].华中农业大学学报(社会科学版),2018(2):37-45.

[32] 黄祖辉.准确把握中国乡村振兴战略[J].中国农村经济,2018(4):2-12.

[33] 纪月清,王许沁,陆五一,刘亚洲.农业劳动力特征、土地细碎化与农机社会化服务[J].农业现代化研究,2016,37(5):910-916.

[34] 贾诗玥,李晓峰.超越市场失灵：产业政策理论前沿与中国启示[J].南方经济,2018(5):22-31.

[35] 江飞涛,李晓萍.改革开放四十年中国产业政策演进与发展：兼论中国产业政策体系的转型[J].管理世界,2018,34(10):73-85.

[36] 江省身.新型城镇化背景下我国工业化与农业现代化的互动发展[J].社会科学家,2017(6):85-89.

[37] 江泽林.把握新时代农业机械化的基本特性[J].农业经济问题,2019(11):4-14.

[38] 江泽林.农业机械化经济运行分析[M].北京:中国社会科学出版社,2015.

[39] 姜达洋.我们需要什么样的产业政策?：兼论林毅夫与张维迎有关产业政策的争议[J].商业研究,2017(11):127-132.

[40] 蒋玲,胡凯,陈江华.农业机械应用对农民主观幸福感的影响：基于CLDS数据的实证分析[J].新疆农垦经济,2020(2):33-40.

[41] 蒋永穆.从"农业现代化"到"农业农村现代化"[J].红旗文稿,2020(5):30-32.

[42] 焦长权,董磊明.从"过密化"到"机械化"：中国农业机械化革命的历程、动力和影响(1980—2015年)[J].管理世界,2018,34(10):173-190.

[43] 金铃,王建英,刘西川.劳动力成本上升与农机社会化服务需求：以低劳动强度、低技术含量的稻谷晾晒环节为例[J].农林经济管理学报,2020,19(2):171-180.

[44] 孔祥智,张琛,张效榕.要素禀赋变化与农业资本有机构成提高：对1978

年以来中国农业发展路径的解释[J].管理世界,2018,34(10):147-160.

[45]孔祥智,周振,路玉彬.我国农业机械化道路探索与政策建议[J].经济纵横,2015(7):65-72.

[46]李江一.农业补贴政策效应评估:激励效应与财富效应[J].中国农村经济,2016(12):17-32.

[47]李军国,赵晓强.中国农村土地制度变迁的经验与启示[J].中国经济报告,2020,(4):34-39.

[48]李天祥.结构调整与技术进步对我国粮食生产的影响研究:基于产量和生产成本角度的考察[D].南京:南京农业大学,2017.

[49]李铜山.论乡村振兴战略的政策底蕴[J].中州学刊,2017(12):1-6.

[50]李卫.区域格局划分与农业机械化发展不平衡定量研究[D].咸阳:西北农林科技大学,2015.

[51]廖炳光.城乡中国阶段的土地制度往何处去?:刘守英教授著《土地制度与中国发展》评介[J].中国土地科学,2019,33(11):98-104.

[52]林善浪,叶炜,张丽华.农村劳动力转移有利于农业机械化发展吗?:基于改进的超越对数成本函数的分析[J].农业技术经济,2017(7):4-17.

[53]林毅夫.产业政策与我国经济的发展:新结构经济学的视角[J].复旦学报(社会科学版),2017,59(2):148-153.

[54]刘超,朱满德,陈其兰.农业机械化对我国粮食生产的影响:产出效应、结构效应和外溢效应[J].农业现代化研究,2018,39(4):591-600.

[55]刘成良,林洪振,李彦明,等.农业装备智能控制技术研究现状与发展趋势分析[J].农业机械学报,2020,51(1):1-18.

[56]刘俊辉,曾福生.碳排放约束下的粮食主产区农业生产效率及其影响因素[J].江苏农业科学,2018,46(17):321-326.

[57]刘明辉,卢飞.农业部门与工业部门:互哺还是反哺:基于空间杜宾模型[J].经济与管理评论,2017(6):153-160,167.

[58]刘奇.乡村振兴的逻辑原点:缩小源头差距[J].中国发展观察,2020(12):42-44.

[59]刘奇.中国农业现代化进程中的十大困境[J].中国发展观察,2015(2):71-74.

[60]刘琦,赵明正.农业现代化进程中农业要素使用强度变化规律研究:基于全球29个主要农业国家的国际经验[J].农业经济问题,2018(3):

23-32.

[61]刘守英.土地制度变革与经济结构转型:对中国 40 年发展经验的一个经济解释[J].中国土地科学,2018,32(1):1-10.

[62]刘守英.中国农业的转型与现代化[J].山东经济战略研究,2020(7):41-43.

[63]刘婷.要素禀赋结构变化对稻谷生产成本效率的影响:基于稻谷主产省 2004—2016 年数据[J].湖南农业大学学报(社会科学版),2019,20(1):18-25.

[64]卢秉福,韩卫平,朱明.农业机械化发展水平评价方法比较[J].农业工程学报,2015(16):46-49.

[65]路玉彬,周振,张祚本,等.改革开放 40 年农业机械化发展与制度变迁[J].西北农林科技大学学报(社会科学版),2018,18(6):18-25.

[66]栾群.用工业理念发展现代农业[N].学习时报.2016-04-05.

[67]罗浩轩.农业要素禀赋结构、农业制度安排与农业工业化进程的理论逻辑探析[J].农业经济问题,2021(3):4-16.

[68]罗明忠,刘子玉.要素流动视角下新型工农城乡关系构建:症结与突破[J].农林经济管理学报,2021,20(1):10-18.

[69]罗锡文.补短板强弱项加快推进薄弱环节农业生产机械化[J].企业管理实践与思考,2019(4):10.

[70]罗锡文.对我国农机化科技创新的思考[J].山东农机化,2019,330(1):10-13.

[71]罗锡文.我国农业全程全面机械化发展面临的新挑战和应对策略[M].北京:中国农业出版社,2019.

[72]吕炜,张晓颖,王伟同.农机具购置补贴、农业生产效率与农村劳动力转移[J].中国农村经济,2015(8):22-32.

[73]马本,郑新业.产业政策理论研究新进展及启示[J].教学与研究,2018(8):100-108.

[74]马恒运,许欣,严功岸,刘瑞峰.改革四十年的工农关系变化及思考[J].农业经济问题,2018(7):4-13.

[75]潘彪,田志宏.中国农业机械化高速发展阶段的要素替代机制研究[J].农业工程学报,2018,34(9):1-10.

[76]潘经韬.农业机械化服务对粮食生产的影响研究[D].武汉:中南财经

政法大学,2019.

[77]彭超,张琛.农业机械化对农户粮食生产效率的影响[J].华南农业大学学报(社会科学版),2020,19(5):93–102.

[78]彭继权,吴海涛,宋嘉豪,等.农业机械化水平对湖北农户耕地复种指数的影响[J].中国生态农业学报,2019,27(3):380–390.

[79]彭继权,吴海涛,汪为.农业机械化水平对农户主粮生产的影响[J].中国农业资源与区划,2021,42(1):51–59.

[80]彭继权,张利国.农业机械化对农户主粮种植面积的影响[J].中国农业大学学报,2020,25(9):227–238.

[81]邱云桥,张小军,邓佳,等.基于北斗系统的农机信息化技术在四川的应用[J].四川农业与农机,2020(2):32–33.

[82]仇叶.小规模土地农业机械化的道路选择与实现机制:对基层内生机械服务市场的分析[J].农业经济问题,2017,38(2):55–64.

[83]盛辉.马克思恩格斯城乡融合思想及其时代意蕴[J].改革与战略,2018,34(1):45–48.

[84]史常亮,朱俊峰,栾江.我国小麦化肥投入效率及其影响因素分析:基于全国15个小麦主产省的实证[J].农业技术经济,2015(11):69–78.

[85]宋海风,刘应宗.小麦生产中农业机械与劳动力替代弹性及地区差异测算[J].中国农机化学报,2019,40(2):200–206.

[86]苏卫良,刘承芳,张林秀.非农就业对农户家庭农业机械化服务影响研究[J].农业技术经济,2016(10):4–11.

[87]孙凝晖,张玉成,石晶林.构建我国第三代农机的创新体系[J].中国科学院院刊,2020,35(2):154–165.

[88]孙永乐,刘宇浩.非农就业、土地流转对农户购买农机行为的影响:基于CFPS微观数据[J].农村金融研究,2020(4):51–58.

[89]谭朝阳.土地细碎化对农户投资大功率农业机械的影响研究[D].重庆:西南大学,2018.

[90]唐华仓,马恒运.基于文献计量视角的国际农业经济研究综述[J].农业经济问题,2022(1):128–144.

[91]田晓晖,李薇,李戎.农业机械化的环境效应:来自农机购置补贴政策的证据[J].中国农村经济,2021(9):1–15.

[92]王飞鹏,白卫国.农业现代化、新型工业化与城镇化协调发展研究:基于

农业机械化赋能工农协调发展

中国 1998—2015 年三大经济地带的面板数据分析[J]. 兰州学刊,2018
(5):200-208.

[93]王晶晶,于冷.供给侧结构性改革背景下我国农产品生产要素替代关系
研究:以玉米为例[J].现代管理科学,2019(6):19-22.

[94]王凯风,陈利锋.新型城镇化进程中城乡收入差距的动态演化:基于含
人口流动机制的二元 DSGE 模型[J].管理现代化,2018,38(3):40-44.

[95]王罗方.加速丘陵山区农业机械化的途径与措施:以湖南省为例[J].湖
湘论坛,2015,28(1):56-60.

[96]王欧,唐轲,郑华懋.农业机械对劳动力替代强度和粮食产出的影响
[J].中国农村经济,2016(12):46-59.

[97]王盛安,张荣群,艾东,等.中国农业机械化水平区域差异的测度及其空
间格局[J].中国农机化学报,2016,37(8):223-228,251.

[98]王舒娟,马俊凯,李宁.农地经营规模如何影响农户的农业机械化选择?
[J].农村经济,2021(4):111-118.

[99]王涛,刘飞,高羽佳,等.基于遗传算法与 WiFi 聚类算法结合的北斗农
机精准调度[J].江苏大学学报(自然科学版),2020,41(4):426-433
+445.

[100]吴丽丽,邓灵璨,熊婵.湖北省农业技术变革模式与增长路径研究[J].
中国农机化学报,2020,41(7):197-206.

[101]吴丽丽,李谷成,周晓时.中国粮食生产要素之间的替代关系研究:基
于劳动力成本上升的背景[J].中南财经政法大学学报,2016(2):
140-148.

[102]吴愈晓.社会分层视野下的中国教育公平:宏观趋势与微观机制[J].
南京师大学报(社会科学版),2020(4):18-35.

[103]伍骏骞,方师乐,李谷成,等.中国农业机械化发展水平对粮食产量的
空间溢出效应分析:基于跨区作业的视角[J].中国农村经济,2017
(6):44-57.

[104]习近平.在农村改革座谈会上的讲话-论坚持全面深化改革[M].北
京:中央文献出版社 2018.

[105]习近平.在庆祝改革开放 40 周年大会上的讲话[EB/OL]. http://
www.xinhuanet.com/politics/leaders/2018-12/18/c-1123872025.html.

[106]徐建国,张勋.农业生产率进步、劳动力转移与工农业联动发展[J].管

理世界,2016(7):76-87+97.

[107]许欣,朱琰洁,马恒运.农机补贴政策的实证检验[J/OL].河南农业大学学报:1-18[2021-12-02].网络首发.

[108]严中成,漆雁斌,谭玉莲.我国农机专业合作社功能审视和业务选择:来自四川的调查分析[J].中国农机化学报,2018,39(2):93-98.

[109]杨进.中国农业机械化服务与粮食生产[D].杭州:浙江大学,2015.

[110]杨丽,孙之淳.基于熵值法的西部新型城镇化发展水平测评[J].经济问题,2015(3):115-119.

[111]姚洋.发展经济学[M].北京:北京大学出版社,2018.

[112]叶阿忠,陈婷.空间视角下城镇化、工业化和农业现代化关系实证研究:基于半参数空间面板VAR模型[J].软科学,2017,31(7):54-59.

[113]叶兴庆.新时代中国乡村振兴战略论纲[J].改革,2018(1):65-73.

[114]郁俊莉,孔维.新型城镇化背景下农村土地制度改革研究:基于产业支撑和粮食安全的视角[J].武汉理工大学学报(社会科学版),2015,28(1):11-16.

[115]曾福生,刘俊辉.湖南省"四化"同步协调发展测度及其影响因素研究:基于农业现代化视角[J].农业经济与管理,2018(47):59-67.

[116]张标,张领先,傅泽田,等.农户农机需求及购买行为分析:基于18省的微观调查数据实证[J].中国农业大学学报,2017,22(11):208-223.

[117]张露,罗必良.构建新型工农城乡关系:从打开城门到开放村庄[J].南方经济,2021(5):1-13.

[118]张淑雯,田旭,王善高.农业劳动力老龄化对小麦生产机械化与技术效率的影响:基于地形特征的分析[J].中国农业大学学报,2018,23(10):174-182.

[119]张桃林.在全国农业机械化工作会议上的讲话(摘要)[J].中国农机化学报,2017,38(1):1-5,31.

[120]张亚鹏.产业政策的理论反思:兼谈对中国经济改革实践的启示[J].兰州学刊,2020(5):99-108.

[121]张艳丽.信息技术在农机领域的应用及发展[J].农业工程,2018,8(7):32-33.

[122]张在一,杜锐,毛学峰.我国诱致性农业技术创新路径:基于十种农作物劳动力节约技术变革的研究[J].中国软科学,2018(9):15-25.

农业机械化赋能工农协调发展

[123] 赵慧君. 改革开放 40 年我国农机行业的发展变革[J]. 农业工程, 2018,8(5):12-14.

[124] 赵娜. 政府作用与市场作用结合的中国经验:比较、批判与超越[J]. 经济学家,2021(5):75-82.

[125] 郑旭媛,徐志刚. 双重约束下的农户生产投入结构调整行为研究[J]. 农业技术经济,2017(11):26-37.

[126] 郑旭媛,应瑞瑶. 农业机械对劳动的替代弹性及区域异质性分析:基于地形条件约束视角[J]. 中南财经政法大学学报,2017(5):52-58 +136.

[127] 郑旭媛. 资源禀赋约束、要素替代与中国粮食生产变迁[D]. 南京:南京农业大学,2015.

[128] 中华人民共和国农业农村部. 农机购置补贴政策实施工作座谈会在京召开[EB/OL]. http://www. njhs. moa. gov. cn/gjbt/202001/t20200102_6334182. htm.

[129] 中华人民共和国农业农村部. 农业现代化辉煌五年系列宣传之九:我国农业机械化加快向全程全面高质高效转型升级[EB/OL]. http://www. ghs. moa. gov. cn/ghgl/202105/t20210519_6367979. htm.

[130] 钟甫宁. 正确认识粮食安全和农业劳动力成本问题[J]. 农业经济问题,2016,37(1):4-9.

[131] 钟真,刘世琦,沈晓晖. 借贷利率、购置补贴与农业机械化率的关系研究:基于 8 省 54 县调查数据的实证分析[J]. 中国软科学,2018(2):32-41.

[132] 周晓时,李谷成,吴丽丽. 转型期我国农业增长路径与技术进步方向的实证研究:基于大陆 28 省份的经验证据[J]. 华中农业大学学报(社会科学版),2015(5):40-47.

[133] 周振,马庆超,孔祥智. 农业机械化对农村劳动力转移贡献的量化研究[J]. 农业技术经济,2016(2):52-62.

[134] 朱富强. 政府的功能及其限度:评林毅夫与田国强、张维迎的论争[J]. 政治经济学报,2016(2):3-56.

[135] 邹一南. 从二元对立到城乡融合:中国工农城乡关系的制度性重构[J]. 科学社会主义,2020(3):125-130.

[136] FISCHER G, WITTICH S, MALIMA G, SIKUMBA G, LUKUYU B,

NGUNGA D, RUGALABAM J. Gender and mechanization: Exploring the sustainability of mechanized forage chopping in Tanzania[J]. *Journal of Rural Studies*, 2018, 64:112-122.

[137] HU, YI, B. LI, Z. ZHANG, AND J. WANG. Farm size and agricultural technology progress: Evidence from China [J]. *Journal of Rural Studies* (2019). https://doi. org/10. 1016/j. jrurstud. 2019-01-09.

[138] JIN SHUQIN. AND F. Zhou. Zero Growth of Chemical Fertilizer and Pesticide Use: China's Objectives, Progress and Challenges[J]. *Journal of Resources and Ecology*, 2018, 9(1): 50-58.

[139] LIANG LONG, Y. WANG AND B. RIDOUTT et al.. Agricultural subsidies assessment of cropping system from environmental and economic perspectives in North China based on LCA[J]. *Ecological Indicators*, 2019(96): 351-360.

[140] MA, WANGLIN, A. RENWICK AND Q. Grafton. Farm machinery use, off-farm employment and farm performance in China[J]. *Australian Journal of Agricultural and Resource Economics*, 2018(62):279-298.

[141] PAN YAO. S. C. SMITH AND M. SULAIMAN. Agricultural Extension and Technology Adoption for Food Security: Evidence from Uganda[J]. *American Journal of Agricultural Economics*, 2018(100):1012-1031.

[142] PENG HUAMIN, L. QI, G. WAN et al. Child population, economic development and regional inequality of education resources in China[J]. *Children and Youth Services Review*, 2020:110.

[143] QIAO, FANGBIN. Increasing wage, mechanization, and agriculture production in China[J]. *ChinaEconomic Review*, 2017(46): 249-260.

[144] SONG QIAN, J. P. SMITH. Hukou system, mechanisms, and health stratification across the life course in rural and urban China[J]. *Health & Place*, 2019(58):102-150.

[145] SONG YANG. Cost-benefit analysis of the Hukou reform: Simulation evidence from a theoretical labor market model[J]. *China Economic Quarterly International*, 2021(1): 109-119.

[146] SONG, WEI, Z. HAN, AND X. DENG. Changes in productivity, efficiency and technology of China's crop production under rural restructuring[J].

Journal of Rural Studies,2016(47):563–576.

[147] WANG, XIAOBING, F. YAMAUCHI, AND J. HUANG. Rising wages, mechanization, and the substitution between capital and labor: evidence from small scale farm system in China[J]. *Agricultural Economics*,2016, 47(3):309–317.

[148] WANG,XIAOBING,F. YAMAUCHI,K. OTSUKA,AND J. HUANG. Wage growth,landholding, and mechanization in Chinese agriculture[J]. *World Development*,2016(86):30–45.

[149] YAMAUCHI,FUTOSHI. Rising real wages,mechanization and growing advantage of large farms: Evidence from Indonesia[J]. *Food Policy*, 2016 (58):62–69.

[150] YU NANNAN,B. YU,M. JONG et al. Does inequality in educational attainment matter for China's economic growth? [J]*International Journal of Educational Development*,2015(41):164–173.

[151] ZHANG WENJIE,S. BAO. Created unequal: China's regional pay inequality and its relationship with mega–trend urbanization[J]. *Applied Geography*,2015(61):81–93.

[152] ZHANG, XIAOBO,J. YANG, AND R. Thomas. Mechanization outsourcing clusters and division of labor in Chinese agriculture[J]. *China Economic Review*,2017(43):184–195.

[153] ZHOU JING,R. ARUNDEL,S. ZHANG et al. Intra–national citizenship and dual–hukou strategies among migrant families in China. *Habitat International*,2021(108):102–311.

[154] ZHOU YANG,X. LI,Y. LIU. Rural land system reforms in China: History, issues,measures and prospects[J]. *Land Use Policy*,2020(91):104330.

[155] ZHOU,XIAOSHI,W. MA AND G. LI. Draft Animals,Farm Machines and Sustainable Agricultural Production: Insight from China[J]. *Sustainability*,2018: 3015.

附　表

附表 4-1　历年黑龙江省劳动生产率定基增长量及要素分解

年份	劳动生产率	播面单产	机械工作量	劳动力机械装备度
1982	-0.176	-0.136	0.609	-0.649
1983	0.474	0.610	0.665	-0.801
1984	0.807	0.968	0.623	-0.784
1985	0.221	0.381	0.253	-0.413
1986	0.810	1.020	1.895	-2.104
1987	0.810	0.903	1.125	-1.217
1988	0.673	0.963	0.782	-1.072
1989	0.476	0.743	0.739	-1.006
1990	1.597	2.014	1.102	-1.519
1991	1.356	1.723	1.008	-1.375
1992	1.868	2.163	1.087	-1.381
1993	1.706	2.082	1.166	-1.541
1994	2.156	2.479	1.193	-1.516
1995	2.028	2.426	1.004	-1.402
1996	2.978	3.165	1.247	-1.434
1997	2.865	3.118	1.258	-1.511
1998	1.171	2.881	0.511	-2.222
1999	1.336	2.992	0.125	-1.781
2000	0.698	2.194	-0.193	-1.303
2001	0.826	2.001	0.089	-1.264
2002	1.173	2.634	-0.318	-1.144
2003	0.566	1.984	-0.515	-0.903
2004	1.226	2.635	-0.748	-0.661
2005	1.374	2.672	-1.219	-0.079

年份	劳动生产率	播面单产	机械工作量	劳动力机械装备度
2006	1.682	2.866	−1.646	0.462
2007	1.866	2.135	−1.080	0.812
2008	2.787	3.062	−1.564	1.289
2009	2.893	3.028	−1.870	1.736
2010	3.808	3.826	−2.493	2.475
2011	4.572	4.497	−3.114	3.189
2012	4.883	4.726	−3.609	3.766
2013	5.267	5.000	−3.960	4.227
2014	5.652	5.208	−4.246	4.690
2015	5.786	5.263	−4.439	4.963
2016	5.495	4.914	−4.336	4.917
2017	7.439	5.062	−3.919	6.296
2018	7.740	5.128	−4.101	6.713

注解：表中单位是吨/人，基期 1981 年的劳动生产率为 2.469 吨/人。

附表 4-2　历年河南省劳动生产率定基增长量及要素分解

年份	劳动生产率	播面单产	机械工作量	劳动力机械装备度
1982	−0.061	−0.029	−0.073	0.041
1983	0.181	0.206	−0.088	0.062
1984	0.185	0.239	−0.194	0.141
1985	0.117	0.160	−0.215	0.171
1986	0.052	0.056	0.025	−0.029
1987	0.199	0.214	−0.052	0.037
1988	0.069	0.138	−0.151	0.082
1989	0.221	0.306	−0.226	0.141
1990	0.229	0.359	−0.282	0.152
1991	0.094	0.280	−0.319	0.133
1992	0.115	0.354	−0.399	0.161

年份	劳动生产率	播面单产	机械工作量	劳动力机械装备度
1993	0.313	0.546	−0.519	0.286
1994	0.199	0.413	−0.536	0.322
1995	0.295	0.501	−0.665	0.458
1996	0.424	0.629	−0.815	0.610
1997	0.402	0.666	−0.979	0.715
1998	0.424	0.673	−1.025	0.775
1999	0.350	0.784	−1.168	0.733
2000	0.214	0.723	−1.167	0.658
2001	0.248	0.770	−1.236	0.713
2002	0.302	0.778	−1.268	0.792
2003	0.134	0.525	−1.105	0.714
2004	0.375	0.799	−1.342	0.919
2005	0.523	0.893	−1.428	1.058
2006	0.706	1.032	−1.550	1.223
2007	0.859	1.088	−1.607	1.378
2008	0.948	1.106	−1.648	1.489
2009	1.012	1.097	−1.653	1.567
2010	1.068	1.104	−1.670	1.634
2011	1.139	1.118	−1.689	1.709
2012	1.209	1.127	−1.704	1.785
2013	1.292	1.135	−1.716	1.873
2014	1.240	1.130	−1.717	1.827
2015	1.408	1.223	−1.800	1.985
2016	1.365	1.176	−1.694	1.883
2017	1.679	1.248	−1.733	2.164
2018	1.824	1.292	−1.776	2.308

注解:表中单位是吨/人,基期 1981 年的劳动生产率为 0.937 吨/人。

农业机械化赋能工农协调发展

附表4-3　历年山东省劳动生产率定基增长量及要素分解

年份	劳动生产率	播面单产	机械工作量	劳动力机械装备度
1982	0.020	0.082	−0.140	0.078
1983	−0.007	0.204	−0.264	0.054
1984	0.290	0.339	−0.383	0.333
1985	0.365	0.355	−0.446	0.456
1986	0.415	0.328	−0.189	0.276
1987	0.479	0.420	−0.315	0.373
1988	0.306	0.298	−0.370	0.378
1989	0.291	0.314	−0.433	0.410
1990	0.376	0.415	−0.473	0.433
1991	0.524	0.652	−0.592	0.465
1992	0.405	0.551	−0.592	0.446
1993	0.552	0.646	−0.635	0.540
1994	0.621	0.668	−0.725	0.678
1995	0.577	0.775	−0.821	0.624
1996	0.632	0.787	−0.876	0.721
1997	0.448	0.627	−0.879	0.700
1998	0.581	0.782	−1.028	0.827
1999	0.596	0.791	−1.133	0.938
2000	0.407	0.772	−1.241	0.877
2001	0.377	0.768	−1.289	0.899
2002	0.267	0.626	−1.213	0.854
2003	0.380	0.818	−1.399	0.961
2004	0.461	0.928	−1.517	1.051
2005	0.745	0.975	−1.544	1.314
2006	0.817	1.013	−1.584	1.388
2007	0.910	1.021	−1.597	1.485
2008	0.920	1.068	−1.649	1.501
2009	0.957	1.073	−1.672	1.556

农业机械化赋能工农协调发展

年份	劳动生产率	播面单产	机械工作量	劳动力机械装备度
2010	0.985	1.067	−1.680	1.599
2011	1.079	1.091	−1.710	1.698
2012	1.159	1.113	−1.734	1.780
2013	1.249	1.095	−1.723	1.876
2014	1.350	1.086	−1.717	1.981
2015	1.479	1.122	−1.752	2.108
2016	1.507	1.111	−1.636	2.032
2017	1.973	1.143	−1.626	2.456
2018	2.064	1.135	−1.633	2.563

注解:表中单位是吨/人,基期 1981 年的劳动生产率为 0.922 吨/人。

附表 4-4　历年安徽省劳动生产率定基增长量及要素分解

年份	劳动生产率	播面单产	机械工作量	劳动力机械装备度
1982	0.059	0.085	−0.070	0.044
1983	0.073	0.121	−0.092	0.045
1984	0.171	0.211	−0.161	0.120
1985	0.177	0.254	−0.268	0.192
1986	0.267	0.341	0.014	−0.088
1987	0.298	0.352	−0.129	0.076
1988	0.194	0.274	−0.240	0.161
1989	0.203	0.313	−0.309	0.198
1990	0.201	0.346	−0.379	0.234
1991	−0.168	0.009	−0.364	0.187
1992	0.092	0.355	−0.541	0.277
1993	0.247	0.462	−0.617	0.402
1994	0.149	0.377	−0.682	0.454
1995	0.264	0.517	−0.809	0.556
1996	0.295	0.526	−0.862	0.632

年份	劳动生产率	播面单产	机械工作量	劳动力机械装备度
1997	0.353	0.602	−0.979	0.730
1998	0.227	0.486	−0.992	0.733
1999	0.317	0.610	−1.124	0.831
2000	0.161	0.369	−0.977	0.769
2001	0.192	0.470	−1.100	0.822
2002	0.356	0.563	−1.177	0.970
2003	0.116	0.226	−0.946	0.837
2004	0.433	0.494	−1.160	1.099
2005	0.398	0.393	−1.097	1.102
2006	0.580	0.515	−1.208	1.273
2007	0.706	0.542	−1.254	1.419
2008	0.835	0.588	−1.306	1.553
2009	0.897	0.602	−1.336	1.631
2010	0.882	0.605	−1.356	1.633
2011	0.898	0.633	−1.393	1.657
2012	1.085	0.716	−1.474	1.843
2013	1.168	0.710	−1.481	1.939
2014	1.350	0.783	−1.552	2.119
2015	1.471	0.848	−1.616	2.239
2016	1.407	0.780	−1.570	2.197
2017	1.885	0.904	−1.618	2.599
2018	1.920	0.899	−1.627	2.647

注解:表中单位是吨/人,基期1981年的劳动生产率为1.063吨/人。

附表4-5　历年河北省劳动生产率定基增长量及要素分解

年份	劳动生产率	播面单产	机械工作量	劳动力机械装备度
1982	0.079	0.161	−0.109	0.027
1983	0.109	0.257	−0.272	0.124
1984	0.134	0.282	−0.434	0.287
1985	0.300	0.376	−0.556	0.480
1986	0.300	0.312	−0.327	0.316
1987	0.262	0.308	−0.413	0.367
1988	0.292	0.380	−0.494	0.406
1989	0.263	0.389	−0.529	0.403
1990	0.324	0.508	−0.603	0.420
1991	0.264	0.509	−0.615	0.371
1992	0.239	0.492	−0.657	0.404
1993	0.355	0.527	−0.685	0.513
1994	0.491	0.669	−0.909	0.730
1995	0.657	0.798	−1.074	0.933
1996	0.779	0.754	−1.121	1.146
1997	0.754	0.737	−1.177	1.194
1998	0.841	0.791	−1.238	1.288
1999	0.735	0.706	−1.205	1.234
2000	0.594	0.659	−1.211	1.145
2001	0.560	0.690	−1.262	1.132
2002	0.538	0.689	−1.279	1.128
2003	0.501	0.801	−1.411	1.111
2004	0.611	0.850	−1.463	1.224
2005	0.734	0.864	−1.476	1.345
2006	0.846	0.949	−1.559	1.456
2007	0.991	1.055	−1.661	1.598
2008	1.035	1.103	−1.715	1.647
2009	1.041	1.087	−1.710	1.663

年份	劳动生产率	播面单产	机械工作量	劳动力机械装备度
2010	1.106	1.111	−1.735	1.730
2011	1.277	1.244	−1.855	1.888
2012	1.350	1.289	−1.899	1.959
2013	1.469	1.365	−1.970	2.074
2014	1.475	1.356	−1.966	2.086
2015	1.497	1.337	−1.951	2.112
2016	1.580	1.425	−1.871	2.025
2017	1.875	1.547	−1.953	2.281
2018	1.807	1.508	−1.940	2.239

注解:表中单位是吨/人,基期1981年的劳动生产率为0.927吨/人。

附表4-6　历年江苏省劳动生产率定基增长量及要素分解

年份	劳动生产率	播面单产	机械工作量	劳动力机械装备度
1982	0.266	0.172	−0.119	0.213
1983	0.367	0.251	−0.222	0.337
1984	0.605	0.374	−0.332	0.563
1985	0.555	0.296	−0.426	0.686
1986	0.746	0.385	−0.132	0.493
1987	0.727	0.348	−0.252	0.632
1988	0.700	0.350	−0.351	0.702
1989	0.656	0.355	−0.404	0.705
1990	0.108	0.364	−0.301	0.045
1991	−0.001	0.282	−0.293	0.009
1992	0.167	0.446	−0.363	0.083
1993	0.189	0.433	−0.433	0.188
1994	0.185	0.436	−0.537	0.285
1995	0.354	0.565	−0.611	0.400

农业机械化赋能工农协调发展

年份	劳动生产率	播面单产	机械工作量	劳动力机械装备度
1996	0.482	0.630	-0.646	0.498
1997	0.555	0.639	-0.726	0.642
1998	0.511	0.575	-0.751	0.687
1999	0.621	0.690	-0.891	0.821
2000	0.399	0.611	-0.993	0.781
2001	0.362	0.663	-1.100	0.799
2002	0.423	0.642	-1.095	0.876
2003	0.286	0.437	-1.018	0.868
2004	0.634	0.633	-1.125	1.126
2005	0.760	0.585	-1.095	1.270
2006	1.053	0.689	-1.180	1.545
2007	1.302	0.658	-1.153	1.797
2008	1.447	0.666	-1.200	1.982
2009	1.640	0.697	-1.253	2.196
2010	1.807	0.696	-1.273	2.384
2011	1.990	0.726	-1.316	2.580
2012	2.163	0.758	-1.352	2.757
2013	2.334	0.779	-1.392	2.947
2014	2.555	0.813	-1.447	3.190
2015	2.824	0.836	-1.481	3.469
2016	2.873	0.777	-1.448	3.544
2017	3.274	0.825	-1.482	3.930
2018	3.542	0.873	-1.525	4.193

注解:表中单位是吨/人,基期 1981 年的劳动生产率为 1.244 吨/人。

附表4-7　历年吉林省劳动生产率定基增长量及要素分解

年份	劳动生产率	播面单产	机械工作量	劳动力机械装备度
1982	−0.219	0.186	0.035	−0.440
1983	0.962	1.499	−0.130	−0.406
1984	1.439	2.047	−0.597	−0.011
1985	0.268	1.108	−0.833	−0.007
1986	0.596	1.406	0.024	−0.834
1987	0.962	2.187	−0.004	−1.222
1988	0.674	2.327	−0.252	−1.401
1989	−0.174	1.315	−0.433	−1.057
1990	0.988	3.187	−0.817	−1.383
1991	0.682	2.743	−0.405	−1.656
1992	0.482	2.584	−0.432	−1.670
1993	0.685	2.772	−0.590	−1.497
1994	0.896	3.034	−0.490	−1.647
1995	0.847	2.952	−0.953	−1.152
1996	1.502	3.804	−1.454	−0.848
1997	0.646	2.415	−1.452	−0.316
1998	1.962	4.412	−2.388	−0.062
1999	1.548	3.948	−2.630	0.230
2000	0.168	1.651	−1.805	0.321
2001	0.699	2.028	−1.923	0.594
2002	1.135	2.867	−2.542	0.810
2003	1.180	3.012	−2.822	0.990
2004	1.820	3.204	−2.913	1.530
2005	1.926	3.394	−3.331	1.863
2006	2.177	3.673	−3.647	2.151
2007	1.710	3.043	−3.430	2.097
2008	2.400	3.852	−4.061	2.608
2009	1.689	2.938	−3.682	2.433

年份	劳动生产率	播面单产	机械工作量	劳动力机械装备度
2010	2.374	3.712	−4.309	2.971
2011	2.890	4.363	−4.928	3.454
2012	3.366	4.639	−5.261	3.988
2013	3.804	4.802	−5.436	4.439
2014	3.985	4.452	−5.225	4.759
2015	4.308	4.569	−5.425	5.164
2016	4.682	4.790	−5.584	5.476
2017	5.818	4.881	−5.571	6.508
2018	5.006	3.872	−4.896	6.030

注解:表中单位是吨/人,基期 1981 年的劳动生产率为 2.636 吨/人。

附表 4-8　历年内蒙古劳动生产率定基增长量及要素分解

年份	劳动生产率	播面单产	机械工作量	劳动力机械装备度
1982	−0.008	0.045	0.021	−0.074
1983	0.021	0.109	−0.051	−0.038
1984	0.068	0.207	−0.102	−0.036
1985	0.102	0.356	−0.322	0.068
1986	−0.052	0.123	−0.043	−0.132
1987	0.173	0.309	−0.220	0.084
1988	0.442	0.569	−0.371	0.243
1989	0.343	0.431	−0.387	0.299
1990	0.822	0.956	−0.528	0.394
1991	0.717	0.924	−0.566	0.359
1992	0.905	1.081	−0.629	0.453
1993	1.005	1.172	−0.686	0.519
1994	0.954	1.100	−0.692	0.546
1995	0.901	0.985	−0.685	0.601

年份	劳动生产率	播面单产	机械工作量	劳动力机械装备度
1996	1.743	1.728	−0.923	0.938
1997	1.544	1.266	−0.740	1.018
1998	1.838	1.455	−0.886	1.269
1999	1.507	1.257	−0.979	1.229
2000	1.178	1.188	−1.180	1.169
2001	1.186	1.210	−1.259	1.235
2002	1.481	1.540	−1.519	1.459
2003	1.415	1.638	−1.721	1.497
2004	1.626	1.833	−1.906	1.700
2005	1.900	1.994	−2.049	1.956
2006	1.951	2.010	−2.112	2.052
2007	2.115	1.781	−1.890	2.224
2008	2.763	2.200	−2.370	2.933
2009	2.486	1.876	−2.141	2.751
2010	2.715	2.094	−2.329	2.949
2011	3.102	2.390	−2.577	3.288
2012	3.269	2.576	−2.741	3.434
2013	3.708	2.908	−3.030	3.830
2014	3.665	2.856	−3.037	3.846
2015	3.875	2.908	−3.106	4.072
2016	3.643	2.803	−2.894	3.734
2017	4.457	2.798	−2.773	4.431
2018	5.093	3.147	−3.080	5.026

注解:表中单位是吨/人,基期 1981 年的劳动生产率为 1.065 吨/人。

附表4-9　历年四川省劳动生产率的定基增长量及要素分解

年份	劳动生产率	播面单产	机械工作量	劳动力机械装备度
1982	0.045	0.087	−0.063	0.022
1983	0.097	0.180	−0.151	0.067
1984	0.122	0.223	−0.236	0.135
1985	0.069	0.200	−0.332	0.201
1986	0.071	0.227	−0.146	−0.011
1987	0.057	0.224	−0.213	0.046
1988	0.004	0.173	−0.255	0.086
1989	0.042	0.238	−0.288	0.092
1990	0.069	0.273	−0.319	0.115
1991	0.061	0.277	−0.354	0.137
1992	0.056	0.270	−0.377	0.164
1993	0.065	0.232	−0.389	0.223
1994	0.067	0.206	−0.434	0.295
1995	0.158	0.288	−0.506	0.376
1996	0.213	0.313	−0.543	0.444
1997	0.266	0.401	−0.663	0.529
1998	0.307	0.400	−0.707	0.615
1999	0.354	0.420	−0.776	0.710
2000	0.337	0.434	−0.844	0.747
2001	0.189	0.279	−0.774	0.683
2002	0.305	0.377	−0.858	0.787
2003	0.291	0.396	−0.909	0.805
2004	0.348	0.417	−0.943	0.873
2005	0.387	0.426	−0.977	0.938
2006	0.315	0.288	−0.902	0.929
2007	0.397	0.371	−0.994	1.020
2008	0.497	0.424	−1.055	1.128

年份	劳动生产率	播面单产	机械工作量	劳动力机械装备度
2009	0.551	0.450	−1.104	1.205
2010	0.608	0.466	−1.136	1.278
2011	0.672	0.488	−1.173	1.358
2012	0.726	0.492	−1.194	1.428
2013	0.793	0.522	−1.235	1.506
2014	0.829	0.518	−1.243	1.554
2015	0.901	0.550	−1.283	1.634
2016	0.967	0.568	−1.291	1.691
2017	1.007	0.609	−1.340	1.738
2018	1.055	0.618	−1.356	1.794

注解:表中单位是吨/人,基期1981年的劳动生产率为0.939吨/人。